_____ 님의 소중한 미래를 위해

이 책을 드립니다.

발타자르 그라시안의
인생 수업

우리는 어떻게 살아야 하는가

발타자르 그라시안의
인생 수업

발타자르 그라시안 지음 | 정영훈 엮음 | 김세나 옮김

메이트북스

메이트북스 우리는 책이 독자를 위한 것임을 잊지 않는다.
우리는 독자의 꿈을 사랑하고,
그 꿈이 실현될 수 있는 도구를 세상에 내놓는다.

발타자르 그라시안의 인생 수업

초판 1쇄 발행 2020년 3월 16일 | **초판 15쇄 발행** 2024년 3월 20일
지은이 발타자르 그라시안 | **엮은이** 정영훈 | **옮긴이** 김세나
펴낸곳 (주)원앤원콘텐츠그룹 | **펴낸이** 강현규·정영훈
편집 안정연·최주연 | **디자인** 최선희
마케팅 김형진·이선미·정채훈 | **경영지원** 최향숙
등록번호 제301-2006-001호 | **등록일자** 2013년 5월 24일
주소 04607 서울시 중구 다산로 139 랜더스빌딩 5층 | **전화** (02)2234-7117
팩스 (02)2234-1086 | **홈페이지** www.matebooks.co.kr | **이메일** khg0109@hanmail.net
값 15,000원 | **ISBN** 979-11-6002-277-3 03100

이 도서의 국립중앙도서관 출판시도서목록(CIP)은 e-CIP홈페이지(http://www.nl.go.kr/ecip)에서
이용하실 수 있습니다.(CIP제어번호 : CIP2020009369)

발타자르 그리시안은 유럽 최고의 '지혜의 대가'다.
그의 책은 평생 곁에 끼고 다녀야 할 인생의 동반자이자,
여러 번 반복해 읽으면서 음미해야 한다.

• 쇼펜하우어(독일의 저명한 철학자) •

세상과 대중의 심리에 대한
뛰어난 통찰력

스페인의 위대한 철학자 발타자르 그라시안은 날카로운 현실 감각과 그에 대한 직설적인 조언으로 세계 각국의 수많은 사상가들로부터 칭송을 받았다. 독일의 저명한 철학자 쇼펜하우어 역시 그를 "유럽 최고의 지혜의 대가"라고 평가했다. 쇼펜하우어는 스페인어로 발간된 그의 글에 심취해 그 책을 직접 독일어로 번역하기에 이르렀다.

그라시안이 살았던 17세기의 스페인은 빈곤과 타락, 위선으로 가득한 세계였다. 그러한 사회에서 자신의 본모습을 잃지 않으면서 대중들로부터 높이 평가받고 이로써 행복을 지켜나가기 위해 알아야 할 지혜로운 조언들을 그라시안은 사람들에게 가르쳐주고

자 했다. 이렇게 해서 탄생한 이 책에는 철학적이고 미려하고 형이
상학적인 말보다는, 철저하게 현실적이고 직설적이고 날카로운 말
들로 가득하다.

　행복한 삶을 살아가고 존경받는 인물이 되기 위한 인간적인 미
덕과 품위를 강조하면서도, 때로는 자신을 돋보이게 하기 위해 상
대방과 친구까지도 적절히 이용해야 한다는 그라시안 특유의 지적
은 자칫 세속적으로 느껴질 수도 있다. 그러나 그러한 세속적인 지
혜조차도 세상과 대중의 심리에 대한 철저한 분석을 바탕으로 하
고 있기에, 오히려 그라시안의 뛰어난 통찰력에 감탄할 수밖에 없
게 만든다.

너무하다고 여겨질 만큼 현실적이고 솔직한 그라시안의 조언을 눈과 귀, 마음을 열고 살펴보자. 많은 부분들에 공감할 것이다. 그리고 많은 부분에서 그의 날카로운 관찰과 그의 거리낌 없는 혀에 놀랄 것이다.

쇼펜하우어가 번역한 이 책에는 상당 문장이 오늘날의 독일어 어법과 맞지 않고, 신화 속 주인공들이나 역사적 인물들에 얽힌 내용들이 상징적이고 단편적으로 담겨 있어 번역을 통해서도 다소 이해하기 어려운 부분들도 있다. 이에 역주를 추가했으며, 현대적 감각에 맞게 목차를 완전히 재구성했음을 밝힌다.

이 책을 읽으면서 때로는 저자의 윤리적인 지적에 공감하면서, 때로는 저자의 날카로운 혀에 놀라면서, 친구들과 동료들, 적수들, 상사들과 어울려 지금의 사회를 살아가는 지혜로운 방법에 대해 고민해보길 바란다.

정영훈

차례

2장

내면을
단단하게 하는
인생 수업

3장

현명한 사람이 되기 위한 인생 수업

4장

명망을 얻고 유지하기 위한 인생 수업

5장

말 내공을
키워주는
인생 수업

6장

인간관계의
비밀을 들려주는
인생 수업

Baltasar Gracián

1장

삶의 의미를
들려주는
인생 수업

행복은 쉽게 변하지만
명예는 늘 지속된다

행복은 살아 있는 동안 누리는 것이고, 명예는 나중에 찾아오는 것이다. 행복은 소망의 대상으로 때로는 조장되기도 하지만 명예는 획득되는 것이다.

명예를 소망하는 것은 그 가치에서 비롯된다. 명성의 여신 파마(로마신화에 등장하는 소문 및 명성의 여신_옮긴이)는 거인족의 자매였고 지금도 그러하다. 여신 파마는 언제나 비범한 것, 기괴한 것, 또는 기적적인 것, 갈채의 대상을 추구한다.

행복을 얻으려면
기술이 필요하다

행복을 얻기 위한 규칙들이 존재한다. 왜냐하면 지혜로운 자에게도 모든 것은 우연이 아니기 때문이다. 노력은 행복을 뒷받침해줄 수 있다.

어떤 사람들은 태평하게 행복의 여신의 문가에 서서 그 문이 열리기만을 기다리고 있다. 그보다 좀 더 나은 사람들은 대담하게 앞으로 나아가고자 노력하면서 자신들의 자질과 용기의 나래를 타고 여신에게 날아가 은총을 얻고자 한다.

그러나 잘 생각해보면 미덕과 조심성을 갖추는 것 외에 행복에 이르는 다른 길은 없다. 누구나 자신의 지혜로움만큼 행복하고, 자신의 어리석음만큼 불행하다.

자신의 행복을
직접 헤아려라

자신의 행운을 이끌어갈 줄 아는 것은 대단한 기술이다. 물론 행운의 걸음걸이는 불규칙해서 어디로 갈지 알 수 없다. 하지만 기다리는 동안 행운이 무르익을 수 있다. 또한 행운에는 때가 있고 기회는 그때에만 찾아오기에 적절한 때를 이용하며 기다려라.

그리고 유리하다고 생각되면 과감히 전진하라. 아름다운 여인이 청년을 사랑하듯, 행운은 용기 있는 자를 열정적으로 사랑한다. 반대로 불운하다 생각되면 이미 당신 앞에 서 있는 불운이 두 번째 불운을 불러오지 않도록 더 이상 아무 일도 하지 말고 물러서라.

오래 사는 기술은
선하게 사는 것이다

생명을 단축시키는 것에는 두 가지가 있다. 그것은 바로 어리석음과 방탕함이다.

어리석음은 생명을 지킬 수 있는 이성이 없고, 방탕함은 생명을 지키고자 하는 의지가 없다. 악덕은 어리석음과 방탕함에 대한 징벌이다. 악덕에 열중해 사는 사람은 두 배로 빨리 죽는다. 미덕에 열중해 사는 사람은 결코 죽지 않는다.

영혼에 흠이 없으면 육체도 건강하다. 선하게 영위된 삶은 내적으로뿐만 아니라 외적으로도 길게 지속된다.

행복을 한 입 크게 물려면
커다란 위장을 지녀라

행복을 한 입 크게 물려면 육체에 커다란 위장이 꼭 필요하다. 커다란 행운은 그 행복보다 더 큰 것을 감당할 수 있는 사람에게는 당혹스러운 일이 아니다. 어떤 이에게는 넘치는 일도 다른 이에게는 아직 배를 주리게 느껴지는 일일 수 있다.

많은 이들이 천성이 소심해 좋은 음식을 소화하지 못한다. 그들은 높은 관직을 위해 태어나지도, 교육받지도 못해 그저 위산과다만 일으킨다. 자신들에게 어울리지 않는 영예가 뿜어내는 향기에 어지러워하며 높은 곳에 오르다 떨어질 위험에 처한다.

그들은 바닥에 앉고 싶어 한다. 그들에게는 행운을 위한 공간이 없기 때문이다. 그러나 위대한 사람은 더 큰 것을 받아들일 공간이 남아 있으며, 소심함이 드러날 수도 있는 모든 것에 각별한 주의를 기울인다.

평화로운 것이
사는 길이다

살고자 한다면 삶을 내버려두라. 평화로운 자는 삶을 살기만 하는 것이 아니라 삶을 지배한다.

듣고, 보고, 침묵하라. 다툼이 없는 하루는 평화로운 수면의 밤을 가져온다. 오래 살면서 유쾌하게 산다는 것은 곱절로 사는 것이며, 이는 평화의 결실이다.

모든 것에는 중요하지 않은 면도 있는 법이다. 매사를 다 마음에 담고 있는 것보다 더 부조리한 일은 없다. 우리와 상관없는 일을 심각하게 생각하고, 우리에게 중요한 일을 돌보지 않는 것은 지극히 우매한 일이다.

소망할 만한 일을
반드시 남겨두라

소망할 만한 일을 남겨두어야 한다. 완전한 행복 다음에는 불행이 찾아오기 때문이다.

육체는 숨을 쉬려 하고, 정신은 추구하려 한다. 모든 것을 가진 자는 모든 것에 실망해 불만을 느낄 것이다. 더 알아야 할 무언가가 남아 있어야 호기심이 일고 희망이 생기는 것이다. 칭찬할 때에도 절대로 온전히 만족시키지 않는 것이 재치 있는 태도다.

더 이상 아무것도 바랄 것이 없다면 모든 것이 두려워진다. 이 얼마나 불행한 행복인가! 두려움은 소망이 멈추는 곳에서 시작된다.

충족되지 않은 열망을
남겨두어야 한다

열망한다는 것은 그 대상의 가치가 높다는 뜻이다. 육체적인 갈증은 달랠 수 있지만 완전히 해소할 수는 없다. 좋은 것은 부족하면 곱절로 좋다. 좋은 것에 배부르게 되는 것은 위험하며, 불멸의 탁월함도 하찮게 여겨질 수 있다.

우리가 좋아하는 것들에 대한 가장 중요한 원칙은, 굶주림을 통해 그에 대한 식욕을 상실하지 않고 늘 그 욕구를 자극받은 채로 유지해야 한다는 것이다. 불만을 야기해 과도한 향유보다는 충족되지 않은 열망을 간직하라. 힘들게 얻은 행복은 곱절로 즐길 수 있다.

한 번뿐인 인생은
즐거운 여행이어야 한다

쉼 없는 인생은 주막에도 들르지 않는 긴 여행만큼 피곤하다. 다양한 지식은 삶을 즐겁게 만든다.

멋진 인생의 첫 여행은 죽은 자들과의 대화로 시작하라. 우리는 우리 자신을, 그리고 많은 것들을 알기 위해서 산다. 그럴 때 진실된 책이 우리를 사람답게 만들 것이다. 두 번째 여행은 산 사람들과 보내면서 이 세상의 모든 좋은 것들을 보고 깨달아라. 한 나라에서 모든 것을 찾을 수는 없는 법이다. 이 세상을 만든 조물주도 자신의 재능을 나누어 썼고, 때로는 풍요로운 것에 추한 것을 곁들여 놓았다. 세 번째 여행은 온전히 자기 자신과 보내라. 마지막 여행은 철학하며 사는 것이다.

즐길 때는 천천히,
일할 때는 빨리 하라

많은 이들의 행운은 그들의 삶보다 먼저 끝을 보인다. 그들은 향유할 수 있는 일에 기뻐하기보다 그것을 망쳐버린다. 그러고 나서 즐거움이 달아났음을 깨닫고 아쉬움을 느낀다. 그들은 늘 즐거움보다 앞서 달려가 다가올 세월까지 갉아먹는다. 그들은 평생에 걸쳐 소화시켜야 할 것을 하루 만에 삼켜버린다. 인생의 기쁨에서도 언제나 앞서나가서 다가올 세월까지 먹어치운다. 그렇게 성급하기에 모든 것이 빨리 끝나는 것이다. 지식에 목마를 때에도 절제를 지킴으로써 안 배우느니만 못한 것은 배우지 않도록 하라.

우리에겐 기쁨보다 살아야 할 날이 더 많다. 그러니 즐길 때는 천천히, 일할 때는 빨리 하라. 일이 끝나는 것은 좋으나 즐거움이 끝나는 것은 좋지 않기 때문이다.

살아가는 동안 단 하루도
태만히 보내지 마라

운명은 우리에게 즐기듯 장난친다. 그리고 알아채지 못하는 사이에 우연으로 가장한 큰일을 일으킨다. 그러므로 언제나 머리와 지혜, 용기, 아름다움으로 대비하도록 하라. 아무런 걱정 없이 신뢰로 가득했던 날이 갑자기 우리의 명망이 곤두박질치는 날이 될 수도 있기 때문이다.

주의력이 가장 많이 필요할 때, 꼭 주의력이 부족해진다. 생각하지 않는다는 것은 우리가 발에 걸려 넘어져 일을 망친다는 뜻이기 때문이다.

또한 적의를 품은 운명은 때로 우리의 완전성이 부주의할 때, 그것을 엄격한 시험에 놓이게 한다. 운명은 전혀 예기치 못했던 날을 택해 우리의 가치를 시험하는 것이다.

어리석은 괴물이
되지 마라

어리석은 괴물이 된 자들은 모두 허영에 차 있고, 불손하고, 고집스럽고, 변덕스럽고, 생각을 고칠 줄 모르고, 극단적이고, 얼굴만 잔뜩 찌푸리고, 농담을 일삼고, 험담을 즐기고, 역설이나 늘어놓고, 파벌을 만들고, 삐뚤어진 생각을 가지고 있다. 이들은 모두 무례한 괴물들이다.

　정신의 기형이 육체의 기형보다 더 추하다. 아름다움을 지닌 고귀한 정신과 모순되기 때문이다. 그토록 완전히 왜곡된 인간에게 누가 도움을 주겠는가? 자기 자신을 보호할 마음이 스스로에게 없다면, 다른 그 누구도 더 이상 인도해주지 않는다. 그런 자들은 남들이 조소를 보내리라고는 생각하지 못하고 남들로부터 찬사를 받을 것이라는 어리석은 생각에 빠진다.

최후에 해야 할 일로
인생을 시작하지 마라

많은 사람들이 처음에 휴식을 취하고 노력은 마지막으로 미룬다. 그러나 중요한 일은 처음에 하고, 부수적인 일은 여력이 있을 때 하는 것이다.

어떤 이들은 싸우지도 않고 이기려고 한다. 또 어떤 이들은 중요하지 않은 일은 당장 배우려 하고, 영예와 유용함을 얻을 수 있는 일의 습득은 인생의 마지막으로 미룬다. 또한 행복을 얻는 일은 아직 시작도 안 했는데 벌써 현기증을 느낀다. 배우고 사는 데에도 방법이 있어야 한다.

매사에 고귀하고 자유로운
영혼의 능력을 지녀라

매사에 고귀하고 자유로운 영혼은 재능의 생명이고, 말의 숨결이며, 행위의 영혼이고, 명예의 장식이다. 이것이야말로 완전성 그 자체다. 이것은 생각을 하면서도 눈에 보인다.

이것은 대개의 경우 자연의 선물로, 교육의 선물인 경우는 거의 없다. 이것은 교육보다 우월하기 때문이다. 이것은 매우 기민하고 대담하기까지 하다. 이것은 얽매이지 않음을 전제로 하며 완전함을 더해준다.

이것이 없다면 모든 아름다움은 죽은 것이며 모든 우아함도 미숙한 것이다. 이것은 열광적이다. 이것은 용감함과 지혜로움, 조심성, 심지어 위엄까지도 넘어선다. 이것은 할 일을 줄여주고 모든 어려움에서 우아하게 빠져나올 수 있도록 해주는 지름길이다.

당신의 심성을
고귀하게 하라

관대한 영혼과 고상한 정신이 존재한다. 그것이 아름답게 표현되면, 그러한 영혼과 정신을 지닌 사람의 성격은 찬란하게 빛난다. 모든 사람이 다 고귀한 심성을 지닌 것은 아니다. 그것은 위대한 정신을 전제로 하기 때문이다.

고귀한 심성을 가진 사람의 과제는, 적에 대해서 좋게 이야기하고 나아가 적에게 더욱 잘 대해주는 것이다. 복수의 기회에 그는 가장 환한 빛을 발한다. 무엇보다 승리로 충만한 순간에 그는 예기치 않은 관용을 베풂으로써 그러한 복수의 기회를 더 잘 이용한다. 그는 수완을 발휘해 자신의 정략을 아름답게 장식한다. 그는 아무것도 자랑하지 않기에 승리를 과시하지도 않는다. 공을 세워도 그의 고귀함이 이를 감춘다.

당신의 행운의 별을
파악해야 한다

누구나 자신만의 별을 가지고 있다. 만약 불행하다면 그건 자신의 별을 알지 못하기 때문이다.

어떤 이들은 어떻게 해서인지 혹은 무엇 때문인지도 모른 채 군주나 권력자의 비호를 받는다. 그들이 아는 것이라고는 그저 운명의 은혜를 입었으며, 노력은 부수적 역할만 했다는 것이다. 많은 이들이 다른 나라보다는 어느 한 나라에서 더 잘 받아들여지고 있으며, 저 도시보다는 이 도시에서 더 사랑받고 있다. 마찬가지로 우리는 종종 다른 관직이나 지위보다는 유독 어느 한 관직이나 지위에서 더 많은 행운을 누리곤 한다. 그리고 이 모든 것은 공평해서, 업무마다 특별한 한 사람이 꼭 있기 마련이다.

운명은 원하는 때에 원하는 방법으로 카드 패를 뒤섞는다. 그러니 당신의 재능뿐만 아니라 당신의 행운의 별도 알고 있어야 한다.

당신의 행운을 만들어낼 것인지, 아니면 아깝게 놓쳐버릴지가 거기에 달려 있기 때문이다.

자신이 가진 행운의 별을 따르고, 그 별에 보조를 맞추고, 다른 별과 섞이지 않도록 하라. 작은곰자리가 가리키는 북극성이 없다면 혼란을 겪을지도 모른다.

가치를 지니고
이를 행동으로 보여주라

사물은 그 본모습보다 보이는 모습으로 평가받는다. 가치를 지니고 그것을 보여줄 줄 안다면 그 가치는 곱절이 될 것이다. 보이지 않는 것은 없는 것과 같다. 정의가 정의로서 나타나지 않는다면 존경받을 수 없다.

　기만당하는 자가 통찰력 있는 자보다 그 수가 훨씬 많다. 속임수가 만연해 있고, 사물은 외양으로 판단된다. 또한 그 나타나는 모습은 천차만별이다. 훌륭한 외양은 내면의 완전함을 가장 잘 보여주는 것이다.

일반인들의 어리석음을
멀리하는 것이 특별한 지혜다

어리석음은 일반에 널리 통용되기에 힘을 갖는다. 많은 이들은 한 개인의 어리석음을 압도할 수는 있어도 일반의 어리석음을 피할 수는 없다. 일반인들의 생각은 편견으로 가득 차 있다. 그들은 자신의 운명이 최고의 것이어도 만족하지 못하고, 자신의 분별력이 최악의 것이어도 만족스러워한다.

　더욱이 모두가 자신의 행복에 만족하지 못하고 다른 이의 행복을 시기하고 있다. 그래서 오늘날의 사람들은 어제의 것을 칭찬하고, 이곳의 사람들은 저곳의 일을 부러워한다. 지나간 모든 것이 더 좋아 보이고, 멀리 있는 모든 것이 더 높이 평가되는 것이다. 매사에 기뻐 웃는 자는 매사에 슬퍼하는 자만큼 대단한 바보다.

비천한 인간들은
어디에나 있음을 알라

아름다운 코린트(그리스의 운하도시_옮긴이)에도, 훌륭한 가문에도, 심지어 자신의 집에서도 비천한 인간들은 있다. 누구나가 그런 인물을 만날 수 있다. 그리고 더 질 나쁜 최악의 천한 인간들도 존재한다.

깨어진 거울의 조각들이 여전히 거울의 성격을 가지듯 이러한 부류의 인간들은 보통 사람들과 그 성품이 비슷하지만, 이들의 해악은 더 크다. 그들은 어리석게 말하면서 사람들을 비난한다. 그들은 무지의 수제자이고 어리석음의 후원자이며 험담의 동맹자다.

그들의 말에는 개의치 말고 그들의 생각에는 더욱 개의치 마라. 그들을 피하려면 그들을 아는 것이 중요하다. 어리석음은 모두 천한 것이며, 천한 것은 어리석음으로 이루어져 있기 때문이다.

모든 것이 잘되려면
시기가 맞아떨어져야 한다

불행한 때는 오게 되어 있다. 그때는 되는 일이 하나도 없고, 상황이 달라져도 불운은 계속된다. 그러니 두 번 생각하고, 자신에게 때가 왔는지 안 왔는지에 따라서 뒤로 물러설 줄 알아야 한다.

모든 것이, 심지어 분별력조차도 항상 같지 않으며 지혜도 매번 따르는 것이 아니다. 잘된 편지를 쓸 때처럼 올바른 생각을 하는 데에는 행운이 필요하다.

모든 것이 잘 되기 위해서는 시기가 맞아떨어져야 한다. 마찬가지로 어떤 때엔 하나도 되는 일이 없다가도 또 어떤 때에는 조그마한 노력으로도 모든 일이 잘 풀릴 때도 있다. 후자는 정신이 집중되어 있고 기분이 최고의 상태이며 행운의 별이 빛나고 있어 그러한 것이다. 그런 때는 자신의 장점을 인지하고 사소한 것도 소홀히 해서는 안 된다.

모든 것이 행복하지도,
모든 것이 불행하지도 않다

천국에선 모든 게 환희요, 지옥에선 모든 게 고통이다. 천국과 지옥의 중간인 이 세상에선 환희와 고통이 더불어 존재한다. 우리는 양 극단 사이에 서있으며, 그렇기에 우리의 마음속에는 이 두 가지가 공존하는 것이다.

운명은 변화한다. 그래서 모든 것이 행복하지도, 모든 것이 불행하지도 않다. 이 세상은 무(無)다. 그래서 그 자체로는 아무것도 아니지만, 천국과 결부되면 많은 의미를 가지게 된다. 운명이 바뀌어도 평정심을 유지한다는 것은 분별력이 있다는 의미이고 새로운 것이 지혜로운 것은 아니다.

우리의 삶은 연극처럼 뒤얽혀 있다가 마지막에 다시 전개된다. 그러니 좋은 결과만을 생각하라.

자신을 도울 줄 알아야
큰 어려움을 이겨낸다

큰 위험에 빠졌을 때, 다부진 심장보다 더 좋은 반려자는 없다. 심장이 약해지면 주변의 다른 부위가 심장을 도와주어야 한다. 자신을 도울 줄 아는 자에겐 어려움도 작아진다. 또한 운명에 무기를 들이대어서는 안 된다. 그러면 운명은 견뎌내지 못하기 때문이다.

많은 이들이 불운에 처했을 때 자신을 전혀 돕지 않음으로써 그 불운이 곱절이 된다. 그건 그들이 불운을 견뎌낼 줄 모르기 때문이다. 그런 것을 이미 할 줄 아는 사람은 깊이 생각함으로써 자신의 약점을 극복해낸다. 현명한 자는 모든 것을 물리칠 줄 안다. 심지어 별자리의 운세까지도 말이다.

감식력이 뛰어난 사람은
행운을 누린다

꿀벌은 꿀을 얻기 위해 곧장 단 것으로 향하고, 뱀은 독을 만들기 위해 바로 쓴 것을 찾는다. 이처럼 어떤 이의 감식력은 바로 좋은 것을 구하고, 어떤 이의 감식력은 나쁜 것에 주목한다.

어떤 것에든 좋은 점은 있게 마련이다. 그러나 불행한 기질을 가진 많은 이들은 훌륭한 천 가지 중에서 단 하나의 결점을 찾아내어 이를 비난하고, 그 모든 것을 다른 이의 의지와 지성이 내다버린 허접한 쓰레기라고 말한다. 그렇게 그들은 결점만 차곡차곡 쌓아간다.

이는 그들의 명민한 감각이 이루어낸 성과가 아니다. 잘못된 선택에 따른 첫값일 뿐이다. 그들은 늘 쓴 것만을 먹고 불완전함을 일용할 양식으로 삼으면서 슬픈 삶을 영위하고 있다. 이보다는 천 가지 결점 중에서 유일무이한 완전함을 택하는 다른 이의 감식력이 훨씬 더 행복을 가져다준다.

현명한 사람은
스스로에게 만족한다

자신의 모든 것에 만족했던 디오게네스(고대 그리스의 철학자_옮긴이)가 죽었을 때, 그는 모든 것을 갖고 있었다. 당신이 로마와 전 세계를 포섭할 만한 인물이 될 수 있다면 그렇게 되라. 그렇게 된다면 혼자서도 능히 삶을 누릴 수 있다.

그러한 인물은 만약 자신보다 더 나은 지성과 더 올바른 감식력을 가진 자가 없다면 누구를 그리워하겠는가? 그는 오직 자신에게만 의존할 것이고, 이는 최고의 존재와 같아지는 지상 최대의 행복인 것이다. 홀로 삶을 영위할 수 있는 자는 동물과는 전혀 유사하지 않으며, 많은 면에서 현자와 비슷하고 모든 면에서 신과 닮게 될 것이다.

사소한 재앙이라고 해서
가볍게 여기면 안 된다

재앙은 절대로 홀로 찾아오지 않는다. 재앙은 다른 재앙과 사슬로 엮여 있다. 행복과 불행은 이미 그것들이 가장 많이 있는 곳으로 찾아간다. 또한 행복한 자들은 모두 불행한 자에게 도망친다. 모든 것이 불행에 빠지면 생각과 이상도 예외가 될 수 없다.

불행이 잠들어 있으면 그것을 깨우지 마라. 조금만 미끄러져도 불행은 계속될 것이며, 그 나락의 끝을 알 수 없을 것이다. 행복이 완성을 알지 못하듯, 재앙도 결코 완결되지 않는다. 하늘에서 내려오는 일은 인내로써 감내하고, 지상에서 일어나는 일에는 지혜를 가져라.

학문과 용기는
위대함을 낳는다

학문과 용기는 불멸의 것을 만든다. 학문과 용기 자체가 원래 죽지 않는 것이기 때문이다. 누구나 자신이 아는 것만큼 행할 수 있기에, 지혜로운 사람은 모든 것을 행할 수 있다.

　지식이 없는 사람은 암흑 속의 세상을 산다. 통찰과 힘은 우리의 눈과 손이다. 용기 없는 지식은 아무런 결실도 맺지 못한다.

사악한 의도는
인생의 독이다

통찰력과 성실한 의도를 겸비하면 모든 일에 성공한다. 하지만 훌륭한 지성이 사악한 의도와 결합하는 것은 언제나 자연의 법칙에 위배되는 끔찍한 일이다.

　사악한 의도는 완전함을 해치는 인생의 독이다. 그것은 지식의 뒷받침을 받아 보다 섬세한 방식으로 몰락한다. 불운한 우월함이 되는 운명에 처하는 것이다. 지성을 갖추지 못한 학문은 두 배로 어리석어진다.

선택하는 기술을
반드시 배워야 한다

삶의 대부분이 선택에 달려 있다. 선택하기 위해서는 훌륭한 감식력과 올바른 판단이 필요하다. 학식이나 지성만으로는 충분하지 않다. 선택 없이는 완전성도 없다. 선택은 최선의 것을 선택할 수 있는 능력을 포함한다.

많은 사람들이 노련한 정신과 예리한 지성, 학식과 조심성을 지녔으면서도 선택의 과정에서 실패한다. 이들은 마치 오류를 범하기로 작정이라도 한 듯 매번 최악의 것을 움켜쥔다. 그렇기에 선택할 줄 아는 것은 하늘이 내린 최고의 재능 가운데 하나다.

무엇이 급한 것인지를
파악하는 법을 배워라

많은 이들이 적시에 찾아온 일을 소홀히 한다. 그 일이 그들 눈에는 보이지 않기 때문이다. 그들은 나중에야 비로소 친구의 도움으로 그 일이 지나간 흔적만을 둘러보게 될 뿐이다.

가장 훌륭한 정신적 능력의 하나는 지금 눈앞에 제시된 것들에서 무엇이 급한 것인지를 파악하는 일이다. 바로 그 능력이 없기에, 성공했을 수도 있는 많은 것들을 놓치게 된다. 그 능력을 가진 자는 그 빛을 전하고, 그것을 필요로 하는 자는 그것을 구하려고 애쓰라. 전자는 신중하게, 그리고 후자는 주의 깊게. 무언가를 깨닫기 위해선 그런 섬세함이 있어야 한다는 이 한마디 말만 기억하라.

자신의 의욕을 보여라. 그리고 더 많은 것이 요구된다면 더 나아가라. 지금 아무것도 없다면 노련하게 그 무언가를 찾아보도록 하라. 대부분의 것들은 아예 시도하지 않아서 획득되지 않는 것이다.

세상의 모든 일에는
좋은 점과 나쁜 점이 있다

모든 것에는 앞면과 뒷면이 있다. 아무리 좋은 것이라도 칼날 쪽을 쥐면 고통을 당하고, 반대로 아무리 적대적인 것이라도 손잡이를 잡으면 방패가 될 수 있다. 다시 말해, 장점만 보고 기뻐했던 많은 일도 나중에는 슬픔을 드리운다.

모든 일에는 좋은 점과 나쁜 점이 있는 법이다. 그러한 것들에서 장점을 골라내는 것이 지혜다. 수많은 불빛이 켜져 있는 것을 보는 사람이 있는가 하면, 수많은 불빛이 꺼져 있는 것을 보는 사람이 있는 것도 바로 이 때문이다. 그러니 가장 환한 불빛만을 바라보고, 좋은 것을 나쁜 것과 혼동하지 마라. 어떤 이들은 모든 일에 만족하고, 어떤 이들은 모든 일에 슬퍼하는 것도 바로 이것에서 연유한다. 이러한 관찰법은 혐오를 막을 수 있는 위대한 보호막이며, 모든 시대와 모든 상황에 유용한 중요한 삶의 규칙이다.

바보 병에 걸려
바보처럼 죽지 마라

대개 지혜로운 사람은 분별력을 잃었을 때 죽는다. 그에 반해 바보는 좋은 충고에 짓눌려 죽는다. 바보처럼 죽는다는 것은 너무 많은 생각으로 인해 죽는 것이다.

어떤 사람들은 생각하고 느끼기 때문에 죽고, 어떤 사람들은 생각하지 않고 느끼지 않기에 산다. 후자는 고통 없이 살기에 바보고, 전자는 고통으로 죽기에 바보다. 분별력이 너무 많아 죽는 사람도 바보는 바보다.

한마디로 어떤 이들은 현명하기에 죽고, 어떤 이들은 지혜가 없어서 산다. 그러나 바보처럼 죽는 사람은 많지만 진짜 바보들은 잘 죽지 않는다.

사물의 본질을
파악해야 한다

많은 사람들이 갈림길에서 쓸데없는 생각에 빠져 있거나 헛된 논란의 숲을 헤매면서 정작 사물의 핵심을 놓치곤 한다. 그들은 핵심 주위를 수백 번 맴돌면서 자기 자신과 타인을 지치게 할 뿐, 결코 본질에는 다다르지 못한다.

이는 사고 능력이 뒤얽혀 있어 거기서 빠져나오지 못하기 때문이다. 이런 사람은 나중에 그 일을 다시 생각하려 해도 시간과 인내심이 부족하게 된다.

가슴과 머리가 모두 있어야
온전한 행복이다

가슴과 머리는 우리 능력의 양대 축이다. 가슴과 머리, 이 둘 중에서
하나라도 없으면 행복은 절반에 지나지 않는다. 지성만으로는 되지
않는다. 마음이 뒤따라야 한다. 어리석은 사람은 자신의 지위와 직
무, 재산, 주변과의 관계에서 자신의 소명을 잊어 불행을 자초한다.

상황에 따라 방향을 바꿔가며
지혜롭게 살아야 한다

할 수 있을 때 하라. 시간과 기회는 아무도 기다려주지 않기 때문이다. 다만 그것이 미덕을 위한 것이라 할지라도, 예외 없이 적용될 원칙을 세워놓고 살지는 마라. 또한 자신의 의지에 정해진 법칙을 부여하지도 마라. 오늘 당신이 버리는 물을 내일 마셔야 할지도 모르기 때문이다.

세상에는 뒤틀린 머리를 가진 사람들이 있다. 어떠한 상황에서도 그들은 다른 것도 아닌, 자신들의 정신 나간 기괴한 생각에 따라 행동하기를 요구한다. 반대로 현명한 자는 상황에 따라 방향을 바꿔가면서 지혜의 별을 따라 스스로를 이끌어간다. 우리의 행위와 생각을 포함한 모든 것은 상황에 따라 조정되어야 한다.

노력과 재능을
겸비해야 한다

노력과 재능, 이 두 가지가 없이는 뛰어난 인물이 될 수 없고, 이 두 가지를 겸비하면 최고의 경지에 이를 수 있다. 보통 수준의 두뇌를 가진 사람이 노력하면 뛰어난 수준의 두뇌를 가진 사람이 노력하지 않을 때보다 더 많은 것을 이룰 수 있다. 근면은 명성을 얻기 위해 지불해야 하는 대가다. 적게 지불한 것은 그 가치도 적다.

최고의 직위에 있으면서 궁지에 몰리는 것은 대개 근면하지 못하기 때문이지, 재능이 부족해서인 경우는 드물다. 높은 지위에서 중간 정도 되는 것이 낮은 지위에서 뛰어난 것보다 더 낫다고 하는 것은 상당히 의미 있는 구실이 될 수 있다. 그러나 가장 높은 지위에서 뛰어날 수도 있는데 가장 낮은 지위에서 중간 정도로 만족한다면, 그건 변명거리가 전혀 되지 못한다. 그러므로 타고난 재능과 인위적인 노력이 모두 요구되며, 근면은 이 둘을 보장해준다.

온전히 내게 속하지도,
온전히 남에게 속하지도 마라

온전히 자신에게 속하지도, 온전히 남에게 속하지도 마라. 두 가지 모두 다 비루한 독재이기 때문이다.

오직 자신만을 위하는 자는 모든 것을 자기 자신만을 위해 가지려 한다. 그런 이들은 사소한 것에서도 양보하지 않으려 하며, 자신에게 편한 것은 한 치도 희생하지 않는다. 그들은 남에게 상냥하지 않으며 그저 행운에 의존할 뿐이다. 때로는 남에게 속하고, 그들도 당신에게 속하게 하라.

반대로 언제나 남에게 속해 있는 사람들도 있다. 어리석음이 늘 과도한 경지에 올라 있기 때문이다. 이것 역시 불행한 것이다. 이들은 단 하루, 단 한 시간도 자신을 생각하지 않고 지나치게 타인만을 생각하기에 모든 사람의 노예라 불릴 만하다.

위로받을 수 없는
근심은 없다

모든 일에서 위안을 얻을 수 있어야 한다. 심지어 쓸모없는 사람들조차 그들의 영생을 믿으며 위안을 얻는다. 위로받을 수 없는 근심은 없다. 어리석은 자에게는 그들이 행복하다는 게 위안이다. 추하게 생긴 여자도 행복할 수 있다는 속담이 있지 않는가. 오래 살기위해선 별로 쓸모가 없는 것이 방책이다. 엉성한 그릇은 좀처럼 깨지지 않아 지겨울 정도다.

　중요한 사람들은 운명의 시기심을 자극하는 것처럼 보인다. 운명은 쓸모없는 사람에겐 오랜 삶을, 중요한 사람에겐 짧은 삶을 부여하기 때문이다. 있어야 할 사람의 삶은 곧 끝을 맺으나, 있으나 마나 한 사람은 영원히 산다. 그렇게 보이기도 하지만 실제로도 그렇다. 행복과 죽음은 쓸모없는 자를 잊어버리기로 공모라도 한 것처럼 보인다.

귀중한 인생을
헛되이 소비하지 마라

.

잘 쉬는 것이 분주한 것보다 낫다고 반대로 말하는 사람도 있긴 하다. 하지만 우리가 가진 것은 시간뿐이다. 집이 없는 자도 시간 속에서는 살 수 있다. 귀중한 인생을 단조로운 일이나 너무 숭고한 일에 소비한다면 이는 불행한 것이다.

늦지 않게 제때에
눈을 떠야 한다

보고 있는 모든 사람이 다 눈을 뜨고 있는 것은 아니다. 주위를 둘러보고 있는 모든 사람이 다 보고 있는 것도 아니다. 어떤 것들은 너무 늦게 찾아와서 도움이 되기는커녕 일만 흐려놓기도 한다. 어떤 사람들은 더 이상 볼 것이 없을 때에야 보기 시작해, 사람답게 되기도 전에 모든 것을 망친다.

의지가 없는 분별력을 이해시키기는 어려우며, 분별력이 없는 의지를 가르치기는 더욱 어렵다. 그런 사람들은 장님과 마찬가지로 나머지 사람들을 조롱한다. 그건 그들이 들으려는 귀를 막고, 보려는 눈을 감기 때문이다. 그들에게는 졸고 있는 감각들을 되살릴 만한 것도 없다. 그 감각들이 졸고 있는 것에 그들의 생존이 근거하고 있기 때문이다. 주인에게 눈이 없는 말은 살찌기 어려울 것이니 불행한 말이다.

Baltasar Gracián

Baltasar Gracián

2장

내면을
단단하게 하는
인생 수업

미완성인 자신을
완성시켜라

사람은 미완성인 채로 세상에 태어나 인격과 직업을 통해 날마다 조금씩 완성의 지점을 향해간다. 그 지점에 이르면 모든 능력이 완전해지고, 모든 우수한 특성들이 한껏 개발된다. 취향이 고상해지고 생각이 맑아졌으며, 판단이 성숙하고 의지가 순수해졌다고 느끼는 순간, 우리는 완성을 깨닫게 된다. 지혜롭게 말하고 현명하게 행동하는 '완성된 인간'은 두려움에 사로잡힌 세인에게 믿음을 주는 꼭 필요한 존재가 된다.

하지만 많은 이들이 끝내 자신을 완성시키지 못한다. 이런 사람들에게는 늘 무언가가 결여되어 있다. 어떤 사람들은 뒤늦게 성숙하기도 한다.

결점을 갖지 않거나
결점을 자랑거리로 바꾸라

결점을 갖지 않아야 한다. 결점을 갖지 않은 것은 완전하게 되기 위해 없어서는 안 되는 조건이다. 하지만 육체적으로든 도덕적으로든 그 어떤 결함도 없는 사람은 극소수에 불과하다. 사실 사람들은 결점은 쉽게 치유될 수 있다고 생각하기에 그런 결점을 열렬히 사랑한다. 그러나 유감스럽게도 뛰어난 다른 능력들 사이에 떡하니 달라붙어 있는 작은 결점 하나를 꼭 찾아내는 사람들이 있다.

태양 전체를 가리는 데에는 구름 한 점만으로도 충분한 것처럼 오점 하나는 우리의 명예에 먹칠을 할 수 있다. 악의를 가진 자는 곧바로 그 오점을 찾아내 기회가 있을 때마다 그걸 들추어낸다. 시저가 자신의 육체적 결함을 월계관으로 덮은 것처럼, 결점을 자랑거리로 바꿀 수 있다면 실로 놀라운 수완일 것이다.

지나친 상상력을
제어해야 한다

상상력은 때로는 견제하고, 때로는 힘을 실어주면서 행복에 관한 모든 것을 쥐고 있고, 심지어 이성까지 지배하기도 한다. 상상력은 폭군의 힘을 획득할 수 있으며, 바라보는 것만으로는 만족하지 못하고 끊임없이 움직인다. 상상력은 우리의 존재를 완전히 사로잡기까지 하고, 우리의 존재를 기쁨으로 충만하게도 하거나 또 우리의 어리석음을 실감케 함으로써 슬픔으로 가득 채우기도 한다.

상상력은 우리가 스스로 만족하게도 하고 만족하지 못하게도 하기에, 어떤 사람들에게는 고통만 주면서 바보를 괴롭히는 착취자처럼 느껴지고, 또 어떤 사람들에게는 즐거운 현기증이 나타날 정도로 천상의 희열을 느끼게 하거나 행운처럼 여겨지게도 한다. 이성의 비호가 상상력에 울타리를 치고 막지만 않는다면, 상상력은 이 모든 것을 할 수 있다.

올곧은 사람이
되어야 한다

올곧은 사람은 언제나 진실의 편에 선다. 확고부동한 신념을 바탕
으로, 군중의 열정도 독재자의 권력도 그로 하여금 결코 정의의 경
계를 넘어서게 하지 못한다. 그러나 누가 과연 이러한 정의의 불
사조인가?

진정으로 정의를 신봉하는 사람은 많지 않다. 많은 사람들이 정
의를 찬양하면서도, 일신의 안녕을 위해서 정의를 저버린다. 어떤
이들은 위험에 처할 때까지만 정의를 추종한다. 의롭지 못한 자들
은 정의를 부인하고, 위정자들은 정의를 숨긴다. 왜냐하면 정의는
우정이나 권력, 또는 자신의 이익에 대해 적대적인 부분에서도 결
코 배려해주는 법이 없기 때문이다.

바로 이 점에서 정의는 배신당할 위험이 있다. 교활한 자들은 그
럴싸한 형이상학으로 정의를 추상화함으로써 위정자나 국가의 기

대와 충돌하는 것을 교묘히 피한다. 그러나 올곧은 사람은 모든 시늉을 일종의 배신으로 간주한다. 그는 자신의 현명함보다는 동요할 줄 모르는 자신의 확고함에 더 큰 가치를 둔다.

진실이 발견되는 곳에는 언제나 그가 있다. 그리고 그가 어떤 무리에서 떨어져 나온다면, 그것은 그의 변덕 때문이 아니라 그 무리의 변절 때문이다. 그 무리가 진실에서 멀어졌기 때문이다.

어떠한 것에서도
범속해지지 마라

첫째, 풍미를 즐길 때 범속해지지 마라. 오, 위대한 현자들이여, 당신들의 것이 대중의 마음에 든다면 그 얼마나 기운 빠지는 일이겠는가! 그리스의 한 연설가는 자신에게 대중의 갈채가 쏟아지자 당황해하며 친구들에게 이렇게 물었다. "내가 무언가 거꾸로 말했는가?" 대중의 범속한 갈채는 현자에게 즐거움을 주지 못한다. 반면 대중의 인기에 영합하는 수많은 카멜레온들은 운집한 무리의 입김에서 만족을 구한다.

둘째, 지성에서 범속함을 버려라. 우매한 대중의 경탄에서 즐거움을 찾지 마라. 그들의 경탄은 일시적인 놀라움에 지나지 않는다. 일반인들의 무지함이 경탄으로 표현되어도, 지성을 갖춘 사람은 그 허위에 속지 않는다.

당신의 뛰어난 능력을
인지하고 있어라

당신의 탁월한 재능을 파악하라. 그리고 그 재능을 더욱 육성하고 나머지 재능들도 보완하라. 무언가에서 탁월함을 보였다는 것은 장점을 알고 있다는 뜻이다. 그러니 자신의 우수한 특성을 관찰해 여기에 모든 노력을 쏟아 부으라.

혹자는 지적 능력이 뛰어나고, 혹자는 용기가 있어서 따를 자가 없다. 그러나 대부분의 사람들은 본인의 타고난 능력을 방치해 그 무엇에서도 탁월함을 발휘하지 못한다. 결국 처음에는 열정적으로 우쭐해했던 것이 시간이 지나면서 나중에는 오판으로 드러나기도 한다.

깊이 생각하는
태도를 가져라

어리석은 사람은 생각하지 않기 때문에 파멸한다. 그들은 사물 속에서 본질의 절반도 보지 못한다. 그들은 노력하지 않기에 자신의 결함이나 장점을 파악하지 못하며, 그로 인해 하찮은 일에 큰 가치를 두고 중요한 일에는 작은 가치를 둔다. 그들은 언제나 거꾸로 무게를 가늠한다. 처음부터 이성이라는 것이 없어서 더 이상 잃을 이성이 없는 사람들도 많다. 사물들 중에는 온 정신을 다 쏟아 부어서 탐구해야만 그 깊이를 유지할 수 있는 것들이 있다.

현명한 사람은 비록 정도의 차이가 있긴 해도 모든 것에 대해 생각에 생각을 거듭한다. 근본에 다다라서 튕겨져 나올 때까지 깊이 파고들며, 때로는 자신이 생각하지 못한 것이 없는지 생각한다. 이처럼 현명한 자의 생각은 우려가 사라질 때까지 계속된다.

내면이 외면보다
더 커야만 한다

철저함과 깊이가 있어야만 본연의 역할을 훌륭하게 해낼 수 있다. 언제나 내면이 외면보다 더 커야만 한다.

그런데 겉만 번지르르한 사람들이 있다. 이들은 마치 자재가 부족해 완공되지 못하는 바람에 입구는 궁전 같지만 거실은 오두막인 집과 같다. 그런 쓸데없는 사람들 곁엔 오래 머물 필요가 없다. 그들은 지루하기 짝이 없다. 처음의 인사말이 곧 끝나버리듯, 그들과의 대화도 그렇게 되어버린다.

피상적으로만 바라보는 사람들은 그들의 겉모습에 쉽게 현혹된다. 그러나 현명한 사람들은 내면을 살핌으로써 그들의 텅 빈 모습을 확인하고, 두려움에 가득한 사람들의 조롱거리에 지나지 않음을 알아낸다.

예리한 판단력을
지녀야 한다

예리한 눈길과 판단의 재능을 지닌 사람은 사물을 지배할 뿐, 지배 당하지 않는다. 그는 대상을 깊은 본질까지 파악하고 그 능력까지 도 철저하게 분석해낸다. 그는 사람을 보면서 그 사람을 이해하고 그의 가장 내적인 본질을 판단한다. 그는 예리하게 관찰해 깊숙이 숨겨져 있는 내면의 모습을 판독해내고 이해한다.

　그는 날카롭게 주시하고 철저하게 파악하며, 올바르게 판단한 다. 그는 모든 것을 발견해내고 파악하고 이해한다.

자기 스스로를
두려워해야 한다

스스로 비천하게 만들지 마라. 우리 자신의 무결함이 우리의 흠 없는 행실의 기준이 되어야 한다. 그리고 그 모든 외적 규정보다 우리 자신의 엄격한 판단이 우리 자신에게 더 많은 것을 행할 수 있어야 한다.

부당한 일을 단념하는 것은 외부의 엄격한 권위 때문이라기보다는 자기 자신의 판단이 두렵기 때문이어야 한다. 자기 스스로를 두려워해야 한다. 그러면 가상의 가정교사는 필요하지 않을 것이다.

절대로 마음의 평정을
잃지 말아야 한다

분노를 터뜨리지 않는 것은 지혜의 중요한 덕목 중 하나다. 평정심을 잃지 않는 사람은 마음이 큰 사람이다. 왜냐하면 모든 큰 것은 잘 움직이기 않기 때문이다.

흥분은 영혼의 병든 즙이다. 감정이 그렇게 북받칠 때마다 지혜는 병이 든다. 사악한 감정이 솟아올라 입 밖으로 내뱉어지면, 그만큼 명예도 위험해진다. 그러니 자기 자신의 온전한 주인이 되어야 한다.

가장 큰 행복과 가장 큰 불행에 처해서도 흥분하지 않을 만큼 크게 되어라. 아니, 그 행복과 불행에 초연해 경탄을 자아내라.

지성이 깊이 숙고한 것을
행동이 신속하게 이행한다

성급함이야말로 어리석은 자들의 대표적인 특징이다. 그들은 공격 시점을 알지 못하며, 사전 준비도 없이 일에 달려들기 때문이다. 반대로 지혜로운 자들은 몸을 사리다가 일을 그르친다. 예견은 예방책을 낳지만, 행동력의 결여는 때로 올바른 판단의 열매를 시들게 하기 때문이다.

신속함은 행운의 어머니다. 그 무엇도 내일로 미루지 않는 자는 이미 많은 것을 행한 것이다. 서두르되 서두르지 말라는 것은 진정 제왕의 좌우명이었다.

정신의 용기는
육체의 힘을 능가한다

죽은 사자라면 토끼라도 그 갈기를 잡아 뽑을 수 있다. 용기를 낼 때는 익살을 부려서는 안 된다. 당신이 한 번 굴복하면 다음에도 굴복해야 하고, 결국 끝까지 계속 굴복하게 된다. 나중에 이기기 위해 들이는 노력만큼 처음부터 노력한다면 훨씬 더 유용할 것이다.

정신의 용기는 육체의 힘을 능가한다. 그것은 지혜의 갈림길에 서있다가 기회를 포착할 준비가 되어 있는 검과 같다. 그것은 인격의 방패다. 정신의 약함은 육체의 약함보다 더 많은 것을 그르친다. 많은 이들이 뛰어난 재능을 갖고 있었지만, 용기가 없었기에 죽은 이처럼 살면서 활동 한번 제대로 못하고 삶을 마쳤다. 주의 깊은 생명체인 꿀벌은 확고한 의지가 있었기에 달콤한 꿀을 얻기 위해 날카로운 침으로 무장했다. 육체에는 근육과 뼈가 있다. 그와 마찬가지로 정신에도 물러터진 마음만 있는 것은 아니다.

어떤 경우에도
기다릴 줄 알아야 한다

어떤 경우에도 성급함에 밀리지 않고 열정을 다스릴 줄 안다는 것은 커다란 인내심을 갖춘 위대한 정신의 소유자라는 증거다. 일단 자기 자신의 주인이 되어야 한다. 그러면 다른 것들도 지배하게 될 것이다.

우리는 기나긴 시간을 거쳐야만 사물의 중심에 도달할 수 있다. 현명한 겸양은 오랫동안 남몰래 지니고 있어야 하는 올바른 결정들을 성숙하게 만든다. 시간의 손잡이는 헤라클레스(그리스신화 최고의 영웅_옮긴이)의 쇠몽둥이보다 더 많은 것을 완수해낸다. "시간과 나는 또 다른 시간, 그리고 또 다른 나와 겨루고 있다." 이것은 필리프 2세(프랑스 카페왕조의 제7대 왕_옮긴이)가 한 말이라고 전해진다. 기다림은 커다란 보답으로 다가온다.

임기응변의 태도를
갖추어야 한다

'바로 지금 이 순간'의 현상에 대한 감각은 정신의 행복한 민첩함에서 나온다. 이러한 감각은 위험하지 않으며, 우연한 사고가 아닌 깨어 있는 생동감에서 비롯된다. 많은 이들은 너무 많은 생각을 하게 되어 모든 일을 그르친다.

그런데 어떤 이들은 미리 깊이 생각해보지도 않았는데도 모든 것을 적중시킨다. 곤경에 처해서야 최고의 능력을 발휘하는 진짜 천재들도 있다. 그들은 모든 것을 즉흥적으로 처리하며 깊은 생각으로는 아무것도 할 수 없는 일종의 괴물들인 것이다. 돌연히 떠오르는 착상이 없으면 그들은 아무것도 행하지 못한다. 그들의 머릿속에는 항소의 법정이라는 것이 아예 존재하지 않는다.

민첩한 자들은 갈채를 받는다. 그것으로 막대한 능력과 섬세한 사고력, 현명한 행위능력이 입증되기 때문이다.

자기 자신을
조절하는 법을 배워라

모든 이에게 동일한 방식으로 자신의 지성을 내보여서는 안 된다. 그리고 필요한 것 이상으로 힘을 들여서도 안 된다. 지식이나 행위 뿐만 아니라 그 무엇도 낭비되어서는 안 된다.

신중한 매 사냥꾼은 사냥에 필요한 수 이상의 매를 하늘로 띄우지 않는다. 늘 가진 전부를 보여주어서는 안 된다. 그렇지 않으면 아무도 미래에 당신을 경탄하지 않을 것이다.

언제나 무언가 새로운 것을 지니고 있는 사람만이 빛을 발한다. 왜냐하면 우리는 날마다 무언가를 조금씩 더 발견해내고, 그로 인해 그의 위대한 능력의 한계가 결코 드러나지 않을 때에만 기대감을 잃지 않기 때문이다.

어떤 경우라도
끝을 생각하라

환호의 현관을 지나 행복의 집안으로 들어서면, 비탄의 문을 지나 다시 밖으로 나오게 될 것이다. 그 반대의 경우도 마찬가지다. 그러므로 우리는 끝을 미리 고려해야 할 것이며, 등장할 때의 갈채보다 행복한 퇴장을 더 염두에 두어야 한다. 기쁘게 시작했다가 매우 비극적인 결말을 체험하는 것은 불행한 자들의 일상적인 숙명이다.

등장할 때의 범속한 박수 소리는 중요한 것이 아니다. 그것은 누구에게라도 있을 수 있는 일이다. 중요한 것은 물러날 때 표출되는 대중의 감정이다. 왜냐하면 누군가의 소망의 대상이 된다는 것은 드문 일이며, 나가는 문지방까지 행운이 동반되는 사람은 소수에 불과하기 때문이다. 등장하는 사람은 정중한 대접을 받으나, 퇴장하는 사람은 경멸받기 쉽다.

변덕스럽지 않아
언제나 똑같은 모습을 보여라

기질에서든 행동에서든 당신의 태도에 모순을 보이지 마라. 분별 있는 사람은 언제나 똑같은 모습을 보이며, 그로 인해 사려 깊다는 평판을 듣는다. 그에게 변화라는 것은 외부에 원인이 있거나 다른 사람으로 인해 일어난다. 지혜에 관계된 문제에서 변덕이라는 것은 추잡한 것이다.

그런데 날마다 다른 모습을 보이는 변덕스러운 사람들이 있다. 심지어 분별력까지도 변덕을 보인다. 어제는 "그렇다" 하며 흰색을 내보였다가도, 오늘은 "아니다" 하고 검은색을 내보인다. 그렇게 해 그들은 점차 신용과 명망을 잃어가고, 다른 사람들을 혼란스럽게 한다.

자기개선의 출발점은
자기인식에 있다

자기개선의 출발점은 자기인식에 있다. 세상에는 조화로운 마음을 갖지 못한 기이한 인간들이 있다. 그들은 언제나 변덕스러우며, 기분에 따라 취향도 수시로 바뀐다. 그래서 저열한 부조화에 끊임없이 끌려 다니면서, 스스로를 끝자락으로 내몰곤 한다. 이러한 방종한 성벽은 의지만 상하게 하는 것이 아니라 분별력마저 흐트러뜨린다. 그로 인해 의지와 인식은 뒤틀리게 된다.

자신을 정확히 파악해야
자신의 주인이 될 수 있다

자신의 기질과 정신과 판단과 성향을 파악하라. 그 누구도 자기 자신을 먼저 파악하지 않고는 자신의 주인이 될 수 없다.

용모를 보여주는 거울은 존재하지만, 영혼을 보여주는 거울은 존재하지 않는다. 그러니 분별력을 가지고 자신에 대해 깊이 생각하라. 어떠한 경우에도 외적인 모습은 잊고 내적인 지금의 모습만을 파악하라. 그래야 스스로를 개선하고 완벽해질 수 있다.

자신의 능력과 분별력, 자신의 섬세함을 파악하라. 거래에 들어가기 전에 자신의 용기를 시험하라. 자신의 깊이가 어떤지 알아보고, 모든 것에 대해서 자신의 능력이 어느 정도인지 측정하라.

일시적인 찬사에
우쭐해지지 마라

세상의 절반은 다른 절반을 비웃는다. 그들이 어느 쪽에 동조하느냐에 따라 모든 것이 좋기도 하고, 모든 것이 나쁘기도 하다. 어느 한쪽이 원하는 것을 다른 한쪽은 증오한다.

완전성이란 한 쪽의 찬사만으로는 완성될 수 없다. 많은 이들이 두뇌보다는 다양한 감각을 사용한다. 어떠한 결함이라도 그것을 좋아하는 사람은 있기 마련이다. 그러니 우리의 일이 일부 사람들의 마음에 들지 않더라도 용기를 잃어서는 안 된다. 그것을 높게 평가할 줄 아는 사람도 있기 때문이다. 그렇다고 이들의 찬사에 우쭐해하지도 마라. 누군가는 또다시 배척할 것이기 때문이다.

참된 만족의 잣대는 그 분야에서 큰 목소리를 낼 수 있는 명망 있는 자의 찬사다. 우리는 한 사람의 찬사나 일시적인 찬사, 100년밖에 못 갈 찬사로 사는 것이 아니다.

당신이 누구든
제 나름의 위엄을 지녀라

당신이 제왕이 아니더라도 당신의 모든 행위는 그 분야에서 제왕다워야 하며, 당신의 행동은 신분과 직업 안에서 군주다워야 한다. 당신의 행위를 숭고하게 하라. 당신의 생각을 드높게 하라. 비록 권력은 갖지 못하더라도 당신이 하는 모든 일에서 제왕의 공적을 쌓아라.

진정한 제왕다움은 흠 없는 도덕성에 있다. 그리고 위대함을 추구하는 사람은 위대함을 시기해선 안 된다. 공허하고 의식적인 것보다 참된 제왕다움을 추구해야 할 것이며, 텅 빈 교만함을 가장하지 말고 본질적인 신중함을 취해야 할 것이다.

자신에게 쉽사리
만족하지 마라

사람들은 다른 이의 무한히 높은 완전성을 통찰하지 못하기에 자기 자신의 비천하고 범용한 재능에 대단히 만족한다. 자신에게 불만을 품는 것은 소심한 것이지만, 자신에게 만족하는 것은 어리석은 짓이다. 자기만족은 대부분 무지에서 비롯되며, 분별없는 자의 행복일 뿐이다. 물론 나름의 유쾌함은 있으나 평판과 명성에는 도움이 되지 않는다.

불신은 언제나 지혜로우며 유용하기까지 하다. 나쁜 결과를 예방해주고, 혹은 나쁜 결과가 오더라도 불신할 줄 알면 위안을 얻을 수 있기 때문이다. 대부분의 많은 일들이 주변 여건에 달려 있으며, 한 곳에서 한 가지 일에 승리를 축하하는 것은 다른 장소, 다른 일에는 치욕이 된다. 공허한 자기만족의 꽃을 활짝 피우고 그씨를 더욱 퍼뜨리는 것은 치유 불가능한 어리석음이다.

자제한다는 것은
현명하다는 확실한 증거다

우리의 혀는 야수와 같다. 한번 놓쳐버리면 다시 쇠사슬에 매기 어렵다. 우리의 혀는 영혼의 맥박이다. 현명한 사람은 그 맥박의 움직임을 늘 파악하고 있다. 주의 깊은 사람은 그 맥박에서 심장의 모든 움직임을 감지한다. 최악의 상황은 자제해야 할 사람이 그렇지 못할 때에 있다.

현명한 사람은 불쾌하고 번거롭고 귀찮은 일을 만들지 않음으로써 자기 자신에 대한 통제력을 보인다. 그는 자신의 길을 조심스럽게 걸어가며, 야누스(로마신화에 나오는 문의 수호신_옮긴이)에게는 합당한 판단을, 아르고스(그리스신화에 나오는 괴물_옮긴이)에게는 날카로운 시선을 던진다. 모모스(그리스신화에 나오는 불평과 비난, 조소의 신_옮긴이)는 가슴에 문이 있기보다는 손에 눈이 있었으면 했을 것이다.

현명하게 보이는 것만으로는
결코 충분하지 않다

바보처럼 보이는 자는 모두 바보이며, 그렇게 보이지 않는 사람도 절반은 바보다. 어리석음은 세상 어디에나 있다. 그리고 지혜도 조금 존재한다고 해도, 이 지혜는 천상의 지혜에 비하면 어리석음일 뿐이다. 그러나 최고의 바보는 자신은 바보가 아니라 믿고, 다른 사람은 모두 바보라고 말하는 자다.

현명한 자가 되기 위해서는 현명하게 보이는 것만으로는 충분치 않다. 특히 자기 자신에게는 현명하게 보이는 것만으로는 안 된다. 자신이 안다고 생각하지 않는 자가 아는 자이며, 다른 사람이 보는 것을 보지 못하는 자는 볼 수 없는 자다. 세상은 바보들로 가득 차 있지만, 자신이 바보라 생각하거나 그렇게 의심해보는 사람은 한 명도 없다.

내일을, 더 먼 훗날을
미리 생각하라

특별히 시간을 할애해 앞일을 걱정하고 생각하는 것은 신중한 자의 태도다. 조심스런 자에게는 우연이란 없으며, 신중한 자에게는 위험이란 없다. 늪에 빠져 목이 잠길 때까지 생각을 미루지 마라. 생각은 앞서야 한다. 성숙한 생각을 거듭해야 도처에 널려 있는 최악의 불운을 넘어설 수 있다.

머리맡의 베개는 말 없는 예언자다. 처음에 자면서 생각하는 것이 나중에 베개를 벤 채 잠들지 못하는 것보다 낫다. 그럼에도 많은 이들이 먼저 행동하고 나중에 생각한다. 그로 인해 성과를 거두기보다는 사과를 해야 할 일이 더 많아진다. 어떤 이들은 이전에도 이후에도 아예 생각을 하지 않는다. 하지만 삶이란 생각의 연속이어야 하며, 그럴 때 올바른 길을 잃지 않을 수 있다. 거듭된 생각과 조심성은 삶의 궤도를 미리 조정할 수 있도록 해준다.

사태를 관망할 줄도
알아야 한다

우리는 삶을 살아가는 과정에서 열정의 소용돌이에 휩싸일 때가 있다. 그럴 때는 물이 얕고 안전한 항구로 돌아가는 것이 현명하다. 때로는 약이 상태를 더욱 악화시키기도 한다. 그렇기에 때로는 물리적으로, 때로는 도덕적으로 그것을 방치하는 자세도 필요하다. 의사에겐 처방의 학문만큼이나 무처방의 학문도 필요하며, 때로는 약을 사용하지 않는 것이 기술이기도 하다.

거대한 소용돌이 한가운데에서 평온을 유지한다는 것은 손을 놓고 누워버린다는 것이다. 적절한 때에 양보하는 것은 훗날의 승리를 보장한다. 샘물은 약간만 휘저어도 흐려진다. 이럴 때 샘물은 아무것도 하지 않고 내버려둬야 맑아진다. 분열과 혼란에 대한 최상의 방책은 그것이 지나가도록 놔두는 것이다. 그러면 저절로 안정을 찾게 될 것이다.

때로는 잊어버릴 수도
있어야 한다

우리는 가장 빨리 잊어버려야 할 일을 가장 잘 기억한다. 기억은 우리가 그것을 가장 필요로 할 때 비열하게 우리를 버리고, 전혀 필요치 않을 때에 어리석게도 우리에게 달려온다. 기억은 우리에게 고통을 주는 모든 일에는 자상함을 보이고, 우리에게 기쁨을 줄 수 있는 일에는 태만하다.

　때로는 잊어버리는 것이 우리의 고통을 치료할 수 있는 유일한 약이 되기도 한다. 그러나 우리는 이 치료제를 잊어버린다. 당신의 기억에 편안한 습관을 길러주라. 거기에 따라서 천국이 될 수도, 지옥이 될 수도 있다.

드높은 정신을
가져야 한다

드높은 정신은 영웅에게 필요한 제1조건 중의 하나다. 드높은 정신은 감식력을 향상시키고, 가슴을 넓혀주고, 사고력을 증진시키고, 감정을 순화시키고, 기품을 높여준다.

이런 정신을 가진 사람이라면 그가 누구든 숭고한 생각을 품고 매진할 것이다. 그리고 때로 불운한 운명이 모든 노력을 수포로 돌려도 그 정신은 그 자리를 꿰차고 앉아 빛을 발하며 의지의 한계를 넘어선다. 그 정신에는 반드시 능력이 따라오기 때문이다. 대범함과 고귀함, 그리고 그 모든 영웅의 성질은 그 정신에 바탕을 두고 있다.

당신의 마음을
굳건히 믿어야 한다

당신의 마음을 굳건히 믿자. 더욱이 그 마음이 확실하다면, 그때는 마음에 귀 기울이는 것에 주저하지 마라. 확실한 마음은 종종 무엇이 중요한지를 예고해준다. 그것은 당신 내면에서 들리는 신탁의 소리다.

　많은 이들이 늘 자신들이 두려워하던 것 때문에 죽었다. 두려워하던 것에 대비하지 않으면 그 두려움이 무슨 소용이 있겠는가. 많은 이들은 복된 천성을 타고나 올바른 마음을 지니고 있다. 그것은 불운이 닥칠 때마다 경고의 소리를 울려 불운을 막게 한다. 꼭 극복해야 하는 재앙이 아니라면 재앙에 굳이 맞서는 것은 현명한 일이 아니다.

당신의 내면을
늘 주시해야 한다

우리는 대개 사물의 다채로운 겉모습만을 발견한다. 껍질의 안쪽까지 파고들지 못하는 무지한 자는 내면에 이르러서야 기만에서 벗어난다. 거짓말은 매사에 늘 앞서 나가고, 어리석은 자는 불치의 저열함이라는 밧줄에 묶여 그 뒤에서 끌려 다닌다. 진실은 언제나 가장 늦게, 시간의 팔짱을 낀 채 절뚝거리며 서서히 찾아온다. 그렇기에 지혜로운 자들은 그 진실을 위해 우리의 어머니가 우리에게 선사해준 능력의 절반만을 보존한다.

기만은 아주 표피적인 것이다. 그렇기에 표피적인 사람들은 속기 쉽다. 진실되고 올바른 것은 깊은 곳으로 물러나 몸을 숨긴 채 살아감으로써, 현명하고 지혜로운 자들에게 더 높이 평가받는다.

자신의 주요한 결점을
파악해야 한다

뛰어난 장점에 버금가는 결점을 가지고 있지 않은 사람은 없다. 이러한 결점이 각자의 성향에 따라 조장되면 전제적인 힘을 획득하게 된다. 그러므로 신중함을 호출해 자신의 결점에 맞서 싸워야 하며, 그 첫 단계는 자신의 주요 결점을 확실하게 아는 것이다. 이 결점을 한번 파악하고 나면 바로 승리할 수 있으며, 특히 관찰자처럼 그 결점에 대한 원인을 분명하게 알고 나면, 승리하는 것은 더욱 쉬워진다.

자기 자신에 대해 주인이 되려면 스스로를 철저히 알아야 한다. 자신의 불완전성을 이루는 주동자부터 먼저 굴복시키면, 그를 따르는 나머지 다른 추종자들도 줄줄이 따라오게 되어 있다.

이상한 태도로
주목을 끌지 마라

특별한 사람인 척 일부러 가장하지도, 부주의해 그렇게 보이지도
마라. 많은 이들이 눈에 띄는 기묘한 특성과 정신 나간 태도를 가지
고 있다. 그것은 특출함이라기보다는 결점이다. 얼굴이 유난히 못
생겨 알려지는 사람이 있듯, 이상한 태도로 주목을 끄는 사람이 있
는 것이다. 그런 유별남은 세련되지 못한 특성을 보여주는 부표일
뿐이며, 비웃음과 반감만 살 뿐이다.

당신의 정신을
항상 새롭게 하라

사람의 심성은 7년마다 변한다고 한다. 그러니 당신의 감식력을 더욱 훌륭하고 고상하게 만들라. 사람이 태어나 7년이 지나면 이성이 들어선다. 그 이후에는 7년이 지날 때마다 새로운 완전성이 더해진다. 이러한 자연적인 변화를 예의주시해 그 과정에 도움을 주면서, 다른 사람들의 발전도 기대하라.

많은 사람들은 지위나 직무에 따라 행동도 변한다. 우리는 이러한 사실을 최고의 지위에 이를 때까지도 깨닫지 못하기도 한다. 사람은 20세에 공작이 되며, 30세에는 사자, 40세에는 낙타, 50세이면 뱀이다. 60세일 때는 개가 되며, 70세가 되면 원숭이가 된다. 그리고 80세가 되면 아무것도 아니다. 자연과 노력으로 당신의 정신을 항상 새롭게 할 줄 알아야 한다.

절대로 열정에 들떠
행동하지 마라

열정에 들떠 행동하면 모든 일을 망칠 것이다. 제정신이 아닌 사람은 자신을 위해 행동할 수 없다. 열정은 언제나 이성을 태워 없앤다. 그럴 때에는 자신을 대신해 열정에 빠지지 않은 이성적인 중개자를 내세우라. 관객들은 언제나 배우보다 더 많이 본다. 그건 관객들에게 열정이 없기 때문이다.

지혜로운 자는 평정심을 잃었음을 깨닫는 즉시 후퇴를 명한다. 피가 완전히 뜨거워지면, 피를 흘린 채로 일에 착수하게 되고 남들에게 오랫동안 비방당할 수치스러운 소재를 제공하게 되기 때문이다.

자신이 누구인지를
항상 생각하자

오늘날 성실은 통하지 않고, 은혜는 쉽게 잊힌다. 서로 간에 찬사를 나누는 일도 드물어 오히려 최선의 봉사가 최악의 대가를 받고 있다. 이런 일이 오늘날 전 세계에서 횡행하고 있다.

나쁜 것에는 몸을 굽히는 사람들이 많다. 어떤 이는 배반을, 어떤 이는 변덕을, 어떤 이는 기만을 두려워하며 몸을 굽힌다. 그러나 남들의 나쁜 태도는 따라할 것이 아니라 경계해야 할 것이다.

물론 비열한 태도를 보고 우리의 정직성이 흔들릴 위험도 상존한다. 그러나 정직한 사람은 남들이 어떤지를 생각하기보다는 자신이 누구인지를 항상 생각하며 그것을 절대 잊지 않는다.

Baltasar Gracián

3장

현명한 사람이
되기 위한
인생 수업

일의 처리 방식을
바꾸어야 한다

언제나 똑같은 방식을 취하지 않음으로써 남들의 주의, 특히 적의 주의를 흐트러뜨릴 수 있다. 언제나 첫 번째 의도에 따라 행동하지 마라. 그 천편일률적인 방식이 곧바로 외부에 노출되어 우리에게 되돌아오거나, 우리의 행동을 그르치게 만들 것이다.

똑바로 날아가는 새는 맞히기 쉽지만, 방향을 바꾸어 나는 새는 맞히기 어렵다. 그러나 두 번째 의도조차도 적에게 패를 읽힐 수 있다. 사악함은 매복해서 기다리고 있기 때문이다. 그리고 그것을 속이려면 뛰어난 명민함이 필요하다. 노련한 도박꾼은 상대방이 예상하는 패, 더욱이 그가 원하는 패는 절대 내놓지 않는다.

모호함을 읽어내는
방법을 배워라

한때는 말을 잘하는 것이 모든 기술 중의 으뜸이었다. 그러나 이제는 그것만으로는 부족하다. 미루어 헤아릴 수 있어야 한다.

우리가 알고자 열망하는 진실은 언제나 절반 정도만 말로 표현되기에, 주의 깊은 사람만이 그 진실을 완전히 파악할 수 있다. 주의 깊은 사람은 바라는 모든 일 속에서도 자신의 믿음에 고삐를 당기고, 싫어하는 모든 일 속에서도 자신의 믿음에 박차를 가한다.

얕고 많은 것보다는
깊고 적은 것이 더 탁월하다

완전성은 양에 있는 것이 아니라 질에 있다. 모든 탁월한 것들은 언제나 드물고 귀하다. 깊이가 있는 것은 탁월함을 생성해내며, 그 본질이 고귀하다면 영웅적인 것도 낳는다.

　반면에 양과 크기가 많고 큰 것은 오히려 가치가 떨어지고 미미하다. 사람의 경우에도 거인으로 보이지만 사실은 난쟁이인 경우가 많다. 어떤 사람들은 책을 고를 때 마치 얇은 것에는 지혜로운 내용이 적혀 있지 않기라도 한 것처럼 책의 두께를 보고 판단하기도 한다. 양만 많아서는 절대 평범함을 넘어서지 못한다.

거부하거나 거절해서
몸을 뺄 줄도 알아야 한다

인생의 위대한 규칙이 있다면 그것은 바로 거부할 줄 아는 것이다. 이보다 더 중요한 규칙은 사업이나 인간관계에서 거절할 줄 아는 것이다.

부적절한 일에 몰두하는 것은 아무 일도 안 하는 것만 못하다. 사려 깊은 사람은 자신의 본분을 지키는 것만으로는 충분하지 않다. 남이 자신에게 부당한 일을 강요할 수 없게도 해야 한다.

다른 모든 사람에게는 속하면서 자신에게는 속하지 못하는 사람이 되지 마라. 마찬가지로 친구들을 악용하거나 그들이 용인하는 것 이상을 요구해서도 안 된다.

무엇이든 지나친 것은 잘못이며, 사람과의 관계에서는 더욱더 그렇다. 이러한 현명한 절제를 통해 다른 사람들에게 호감을 사고, 높게 평가받을 수 있다.

승리했을 때 들뜨지 말고
행운과 작별하라

승리했을 때 들뜨지 말고 행운과 작별해야 한다. 명성 있는 도박사들은 대부분 그렇게 한다. 아름다운 후퇴는 대담한 공격과 동일한 가치가 있다. 당신이 행한 바가 충분히 많다면, 이제는 안전을 도모하라.

　오래 지속되는 행운은 언제나 의심스러운 것이다. 중단된 행운이 더 안전하며, 그 맛은 더욱 달콤하다. 행운에 행운이 쌓일수록, 더 많은 위험이 그 행운을 무너뜨리고 전복시킨다. 행운은 은총이 커지면, 그 지속 시간이 짧아짐으로써 균형을 이룬다. 행운은 한 사람이 오랫동안 어깨에 짊어지고 있으면 지치게 만들기 때문이다.

사물이 성숙되는 시점을
파악하고 향유하라

사물이 성숙되는 시점을 파악하라. 그리고 그것을 향유하라. 자연의 작품은 모두 그 완성의 정점에 이르게 되어 있다. 그 지점까지 성장한 후로는 쇠락하게 된다. 그에 반해 예술은 완성의 정점까지 다다른 후에도 개선의 여지가 없는 작품은 별로 없다.

　모든 사물을 그 성숙되는 시점에 향유할 줄 아는 것은 뛰어난 감식력이 지닌 장점이다. 누구나 그렇게 할 수 있는 것은 아니며, 그렇게 할 수 있는 사람이라고 해도 그것을 모두 이해하고 나서 하는 것도 아니다. 정신의 산물에도 그러한 성숙의 시점이 있다. 그 가치를 알고 활용하기 위해서는 그러한 순간을 인식해내는 것이 중요하다.

약삭빠르게 행동하되
이를 악용하지는 마라

약삭빠르다는 것을 우쭐대서는 안 되며 이를 남에게 이해받으려고 해서도 안 된다. 모든 기교적인 것은 감추어진 상태로 있어야 한다. 그렇지 않으면 의심받기 마련이다. 특히 예방 대책을 마련하고 있는 경우라면 더욱 그렇다. 그것이 밝혀지면 미움을 사기 때문이다.

속임수는 쓸모가 크다. 그렇기 때문에 이것이 밝혀지면 의심은 두 배가 된다. 드러난 속임수는 불신을 야기하고 마음을 크게 상하게 하며 복수를 불러오고, 일찍이 그 누구도 생각하지 못했던 악의적인 일을 낳는다.

신중함과 심사숙고야말로 확실한 이성의 증거다

어떠한 행동을 할 때 심사숙고해 접근하는 것은 커다란 장점이며, 이보다 더 확실한 이성의 증거는 없다. 가장 완전한 행동은 그것을 실행할 때 안전하게 행하는 것으로 뒷받침된다.

많은 사람들이 신중함을 꺼린다. 하지만 신중함은 행운의 여신이자 만족의 여신이다.

어리석은 자는 언제나 문으로 곧장 돌진한다. 어리석은 자는 원래가 무모하기 때문이다. 이런 단순함으로 인해 그는 예방책을 마련하는 신중함을 보이지 못하고, 실패했다는 비난에도 점점 무감각해진다. 간혹 행운이 따르는 경우도 있지만 무모한 자들은 모두 자기 꾀에 자기가 넘어간다.

반대로 현명한 자는 매우 신중하게 일에 접근한다. 이들은 신중에 신중을 기해 정찰한다. 이들은 꼼꼼히 살피며 전진하고, 그래서

아무런 위험 없이 등장할 수가 있다. 깊은 수렁이 우려되는 곳에서
는 신중하게 나아가야 한다. 현명한 자는 신중함이 그 근거를 획득
할 때까지 탐색하며 전진한다.

오늘날 사람들과의 교류에서는 거대한 함정들이 존재한다. 그러
니 한 걸음 내디딜 때마다 미리 깊이를 측정해야 한다.

나쁜 소식은
전하지도, 받지도 마라

나쁜 소식은 다른 사람들에게 전해서는 안 되며, 그것을 받아들여서는 더더욱 안 된다. 도움되는 일이 아니라면 그것이 들어오는 것을 거부해야 한다.

우유부단한 사람이 아닌
단호한 사람이 되어라

우유부단만큼 일을 크게 그르치는 것도 없다. 액체는 고여 있지 않고 흐르는 한, 잘 썩지 않는다. 그런데 어떤 일에서든 결정을 못 내리는 사람들이 있다. 그들은 언제나 외부의 자극이 있어야 움직인다. 그리고 이러한 것은 이따금 판단력이 혼란을 겪는 데서 비롯되기도 하지만, 행동력이 부족한 데서 비롯되기도 한다.

한편 어떠한 일에서도 망설이지 않는 사람들이 있다. 광범위한 분별력과 단호함을 가진 그들은 천성적으로 최고위직의 자리를 위해 태어난 사람들이다. 그들의 깨어 있는 두뇌는 업무의 진행을 돕고, 일의 성사를 쉽게 해준다. 그들은 언제나 즉석에서 모든 일을 처리해낸다. 그래서 세상 사람들에게 자신의 판단을 말하고 난 후에도, 그들에겐 언제나 그다음 일을 처리할 시간이 남아 있다.

슬쩍 눈감아줄 줄도 알아야
복잡한 일에 휘말리지 않는다

현명한 사람들은 슬쩍 눈감아줄 줄도 알기에 복잡한 일에 좀처럼 말려들지 않는다. 점잖게 슬쩍 등을 돌림으로써 그들은 복잡한 미로에서 벗어난다.

　현명한 사람들은 가장 힘든 전투의 한가운데에서 노련하게 미소 지으며 빠져나온다. 최고 사령관은 거기에 가장 큰 가치를 둔다. 무언가를 거절해야 할 때는 화제를 다른 것으로 돌리는 것이 예의 바른 술책이다. 그리고 아무것도 못 알아들은 척하는 것보다 더 교묘한 술책은 없다.

나쁜 일에서든 좋은 일에서든
끝장을 보려고 하지 마라

나쁜 일에서든 좋은 일에서든 끝장을 보려고 하면 안 된다. 세상의
모든 지혜는 절제로부터 비롯된다.

극단적인 정의는 불의가 된다. 오렌지도 너무 짜면 결국엔 쓴맛
이 난다. 즐기는 것도 절대로 극단까지는 가지 마라. 정신조차 극도
의 긴장이 오면 둔감해지기 마련이다. 잔인하게 쥐어짜면 우유가
아니라 피가 나온다.

자기 자신에 대한
위대한 보호가 필요하다

자기 자신에 위대한 보호, 그것은 분별력의 제왕이자 조심성의 기본이다. 그리고 그것으로 인해 모든 것이 쉽게 이루어진다. 그것은 하늘이 준 재능이며, 최초이자 최고이고 가장 바라게 되는 것이다. 그것은 가장 중요한 보호 장비이자 매우 중요한 것으로서, 무언가의 부재를 더욱 강하게 혹은 더욱 덜하게 인지시켜준다.

인생의 모든 행위는 보호 능력의 결과에 달렸다. 그런 능력은 모든 일에 필요하다. 모든 일은 분별력 있게 처리되어야 하기 때문이다. 자신을 보호한다는 것은 이성에 걸맞은 모든 것에 대한 자연스런 애착이며, 그 애착은 모든 경우에 가장 올바른 것을 포착할 수 있게 해준다.

거꾸로 생각할 수도
있어야 한다

언제 거꾸로 생각해야 하는가? 특히 좋지 않은 술수가 이야기되고 있을 때 그렇게 해야 한다. 그들의 말을 반대로 생각해서 "예"는 "아니오"로, "아니오"는 "예"로 받아들이는 것이다.

그들이 어떤 일의 단점을 말한다면, 그 점이야말로 그들이 중요하게 여기는 것이다. 즉 그들이 그것을 가지고 싶어서 다른 사람들에게는 나쁘게 이야기하는 것이다.

칭찬받는 모든 것이 꼭 좋은 것은 아니다. 많은 이들은 종종 좋은 것을 칭찬하지 않기 위해 나쁜 것을 칭찬하기 때문이다. 그러나 아무것도 나쁘게 말하지 않는 사람은 아무것도 좋게 생각하지 않는 사람이다.

길조가 보이는 성공은
계속해서 유지하라

어떤 사람들은 시작할 때 모든 힘을 쏟아붓지만 결코 완성은 보지 못한다. 그들은 계획을 짜지만 시행하지는 않는다. 이것이 정신의 유약함이다. 그들은 아무것도 추구하지 않고 모든 것을 정체되도록 방관하기에 명예도 획득하지 못한다. 어떤 이들의 경우에는 인내심이 없어서 이런 일이 발생하기도 한다.

참을성이 없는 것은 스페인 사람들의 흠결이다. 반대로 벨기에 사람들은 참을성이라는 장점을 가지고 있다. 벨기에 사람들은 참을성으로 일을 마무리 짓고, 스페인 사람들은 조급함으로 일을 끝내지 못한다. 스페인 사람들은 어려움을 극복할 때까지 전력을 다하지만, 일단 성공하면 그것에 만족해 끝을 보지 못하는 것이다. 그들은 행할 수 있음을 보여주지만, 행하려 하지는 않는다. 능력이 부족해서가 아니라 분별력이 없기 때문이다.

행복한 결말을
염두에 두라

많은 이들은 기쁘게 목표에 도달하는 것보다는 수단의 정당성 여부에 더 큰 비중을 둔다. 그러나 솔직히 말한다면, 실패의 치욕이 세심한 노력보다 언제나 더 두드러져 보인다.

승리한 자는 변명할 필요가 없다. 대부분의 사람들은 사용한 수단들의 세부 사항은 보지 못하고, 다만 좋거나 나쁘거나 그 결과만 주목할 뿐이다. 그러므로 목표에 도달할 수만 있다면 잃을 것이 아무것도 없으리라.

좋은 결말은 모든 것을 금으로 입힌다. 수단이 부적절한 것이었을 경우에도. 그러니 달리 행복한 결말에 도달할 수 없다면, 때로는 예술의 법칙을 위반하는 것이 바로 예술이다.

여러 사람이 좋아하는 것을
혼자 배척하지 마라

좋은 것은 여러 사람을 흡족하게 한다. 그리고 무엇이 어떻게 좋은지 쉽게 설명되지 않을 때가 많다. 혼자 떨어져 있는 것은 언제나 미움받으며, 그것이 그릇되기까지 하다면 조롱당한다. 이때 그의 판단 능력은 위신을 잃게 되고, 그는 잘못된 감식력을 지닌 채 고립되고 만다.

좋은 것을 발견할 수 없다고 해서 자신의 무능력을 감추고 그 대상을 비난하지 마라. 일반적으로 좋지 않은 감식력은 무지에서 비롯된다. 모두가 말하는 것은 대상의 실제 모습이거나 아니면 그들이 바라는 모습이다.

약간은 장사꾼 기질을
지녀야 한다

모든 것을 관조만 해서는 안 된다. 거래도 할 줄 알아야 한다. 매우 현명한 사람들은 대개 속기 쉽다. 그건 그들이 비범한 일은 잘 알고 있으면서도 꼭 필요한 일상사에는 어둡기 때문이다. 숭고한 것을 관찰하다보면, 그들에겐 사소한 일과를 위한 시간이 없다. 그들은 누구나 알고 있어야 할 것을 모르기에 경탄의 대상도 되지만, 어리석은 자들에게 무지한 자로 취급당한다.

그러니 현명한 자라면 속지 않고 비웃음당하지 않을 정도로만 상인의 기질을 체득하라. 또한 굉장히 숭고한 정도는 아니더라도 인생에서 불가피한 일상의 일은 해낼 수 있는 사람이 되어라. 실용적이지 않은 지식이 무슨 쓸모가 있겠는가? 삶을 살 줄 아는 것이 오늘날의 참된 앎이다.

불가피한 위기 상황을
좋은 기회로 이용하라

익사의 위기에서 수영을 배우게 되는 경우가 있다. 이처럼 불가피한 상황을 통한 행동으로 갑자기 명성을 얻게 되는 경우가 있다. 이런 방법으로 많은 이들이 자기만의 용기를 가지게 되고, 심지어는 자신의 지식과 통찰력을 발견해내기도 한다. 그런 동기가 없었더라면 소심함으로 인해 평생 묻혀 있었을 그런 능력들이다.

위험은 이름을 높일 수 있는 기회가 된다. 고귀한 자는 자신의 명예를 걸고 내기를 해 수천 배의 효과를 거둔다. 이러한 삶의 규칙을 알고 지혜를 발휘했기에 이사벨라 여왕(15세기 후반 분열된 이베리아 반도의 모든 왕국을 통일한 에스파냐의 여왕_옮긴이)은 가톨릭교를 부상시키고, 걸출한 인물들을 배출해낼 수 있었다.

꺼림칙할 때에는
조심성 없이 덤비지 마라

일을 하는 자가 실패에 대한 자그마한 근심만 보여도 그것을 지켜
보는 자는 이미 실패를 확신한다. 특히 그가 경쟁자인 경우에는 더
욱 그렇다. 일의 첫머리부터 판단에 의혹이 들면, 나중에 열정을 잃
은 상태에선 어리석은 자라는 공공연한 저주의 소리를 듣게 될 것
이다. 그 조심성에 의혹이 드는 행동은 위험하며, 중단하는 것이
더 안전하다.

 지혜로운 자는 실현 가능성에 의지하지 않는다. 지혜로운 자는
언제나 분별력이라는 한낮의 환한 빛 속에서 거닌다. 사업 계획에
서부터 이미 우려가 있다면 그 사업이 어찌 잘 진행되겠는가. 우리
의 내면에서 심사숙고해 내린 결정도 때로 불행한 결과를 낳곤 한
다. 그렇다면 동요하는 분별력과 잘못됨의 전조가 비치는 판단력
에서는 과연 어떠한 결과가 예상되겠는가.

예리한 분별력과 지혜를
지녀야 한다

모든 일에서 행동하고 말할 때 제일 우선시해야 할 원칙은 예리한
분별력을 지니는 것이다. 그리고 지위가 높아질수록 반드시 필요
한 원칙은 한 줌의 지혜가 백 파운드의 재치보다 낫다는 것이다. 지
혜만 있다면 갈채를 받지 않고도 안전하게 걸어갈 수 있다. 지혜롭
다는 평판은 명성의 승리다.

치욕을 당하기 전에
재난을 피해야 한다

일이 우리를 떠나기 전에 우리가 일을 떠나보내는 것은 지혜의 한 원칙이다. 종말이 임박해도 승리를 준비할 줄 알아야 한다. 태양도 때로는 아직 빛을 발할 때 구름 뒤로 몸을 숨긴다. 자신이 지는 것을 보지 못하게 해 사람들로 하여금 태양이 졌는지 아닌지를 모르게 하기 위함이다. 사람도 치욕을 당하지 않기 위해서는 제때에 재난을 피해야 한다.

세상이 우리에게 등을 돌리기를 기다리지 마라. 우리에 대한 존경심이 죽어서 매장되었다는 기분이 들 때까지 기다리고 있어서도 안 된다. 지혜로운 자는 시간과의 경쟁에서 스스로를 먼저 은퇴시키지, 경주로 한가운데서 주저앉아 비웃음을 살 때까지 기다리지 않는다. 미인은 시간과의 경쟁에서 현명하게도 거울을 깨뜨린다. 나중에 거울에 비치는 자신의 늙은 모습에 실망하기 이전에 미리!

불쾌한 일에 휘말리지 말고
가만히 내버려두라

어떤 이들은 매사를 비방하고, 어떤 이들은 매사를 일거리로 만든다. 언제나 이들은 심각하게 이야기하면서 매사를 진지하게 여기고 그것을 싸움거리나 은밀한 일로 만들어버린다.

짜증나고 불쾌한 일은 가급적 진지하게 받아들이지 마라. 그렇지 않으면 적절하지 못한 때에 일에 휘말려들게 될 것이다. 흘려들어도 될 일에 마음을 쓰는 것은 매우 어리석은 짓이다. 그렇게 하면 정말로 중요한 많은 일들은 방치되어 하찮은 일이 되어버리고, 아무것도 아닌 일은 심각하게 받아들여져 큰일이 되어버린다.

모든 일은 처음에는 쉽게 해치울 수 있지만 나중에는 그렇지 않다. 종종 약이 병을 만들기도 한다. 꼭 나쁘지만은 않은 인생의 규칙 한 가지는 가만히 내버려두는 것이다.

나쁜 일을 다른 사람에게
떠넘길 줄도 알아야 한다

악의를 막아내는 방패를 가지는 것은 통치자가 가져야 할 위대한 술책이다. 이는 시기하는 자의 말처럼 무능력에서 비롯되는 것이 아니다. 그것은 오히려 실패와 그에 대한 비난의 형벌을 다른 이에게로 돌리려는 고도의 술책인 것이다.

　모든 일이 다 잘될 수는 없으며, 모든 사람을 다 만족시킬 수도 없다. 그러니 당신의 긍지가 다소 손상을 입더라도 불행한 일을 떠맡을 수 있는 희생양을 거느려라.

허공까지 낱낱이 살펴보고,
서 있는 바닥까지도 파악한다

허공까지 낱낱이 살펴보는 사람들이 있다. 이들은 어떤 일을 시작하기 전에 늘 그 일을 조사하며, 특히 사람들이 불신하는 일에 대해서는 업무 시작에 대한 승인을 검토하고 성공 여부를 깊이 파헤친다. 그렇게 함으로써 좋은 출발을 확인해, 일을 심각하게 추진하거나 아니면 방향을 선회할 여지를 늘 확보한다. 이런 방법으로 이들은 일의 성향을 검토한다.

신중한 자는 자신이 서 있는 바닥까지도 파악한다. 이는 부탁할 때, 사랑할 때, 통치할 때 가장 중요한 예방책이다.

너무 많은 것을
약속하지 마라

겉으로 온전해 보이는 사람 모두가 실제로 온전한 것은 아니다. 많은 사람들이 사실은 그런 모습을 가장하고 있을 뿐이다. 그들은 망상의 지식인 기만을 낳고, 자신들과 비슷한 사람들에게서 지원을 받으며, 진실을 약속하는 확실함보다는 거짓을 약속하는 무지에 더 큰 애착을 보인다. 거짓은 많으나 진실은 별로 없기 때문이다.

하나의 기만은 반드시 다른 많은 기만을 필요로 하기에, 모든 것은 망상적인 것이 된다. 그리고 기만은 공중에 세워진 것이기에, 반드시 땅으로 곤두박질치게 되어 있다. 잘못 착수된 일은 결코 지속될 수 없다.

너무 많은 것을 약속하는 것은 이미 의심스러운 일이다. 너무 많은 것을 입증하는 것은 그 자체가 이미 옳은 것이 아닌 것과 마찬가지로.

경쟁자가 이미 했을 일은
절대로 지향하지 마라

현명한 자가 적절하다고 평가하는 일을 어리석은 자가 결코 하지
않는 것은 좋은 점을 발견하지 못하기 때문이다. 반대로 조금이라
도 현명한 자가 다른 이가 예견해 이미 행한 일에 뛰어들지 않는 것
은 조금이나마 현명하기 때문이다.

어떤 일에서도
지나친 확신은 금물이다

어리석은 자는 늘 지나친 확신에 사로잡힌다. 판단이 그를수록 고집은 커진다. 승리를 통해 얻을 수 있는 것보다 고집을 부려 잃는 것이 더 많은 법이다. 완고함은 진리의 투사가 아니라 조악함만 보여주기 때문이다.

세상에는 설득하기 아주 어려운 돌 같은 사람들이 있다. 자신의 확신에서 벗어날 줄 모르는 망상적인 고집쟁이들도 있다. 둘 모두 어리석음과는 뗄 수 없는 관계에 있다.

확고함은 의지에 속하지 분별력에 속하는 것이 아니다. 그러나 여기에도 예외가 있으니, 판단해서 실행한 결과가 실패라면 피해는 곱절이 되는 것이다.

자신과 자신의 일에 대해
허황된 상상을 하지 마라

자신과 자신의 일을 이성적으로 파악하라. 특히 인생에 첫걸음을 내디딜 때에는 더욱더 그러해야 한다.

누구나 자신을 대단하게 생각한다. 그리고 그럴 만한 이유가 없을 때는 더욱 그렇다. 누구나 자신의 행복을 꿈꾸며, 자신을 경이로운 존재로 여긴다. 희망은 과장된 약속을 만들고, 그 약속은 나중에 충족되지 못하는 경험이 된다.

그러한 허황된 상상은 언젠가 진짜 현실에 직면하면 고통의 근원이 된다. 현명한 자는 그러한 혼란에 빠지지 않는다. 그는 계속해서 최선의 것을 희망하면서도 늘 최악의 경우를 대비하기에, 불행이 닥쳐도 평정을 유지한다.

물론 목표를 바로 맞히려면 과녁을 높이 드는 것이 좋긴 하다. 그러나 시작되는 인생의 행로를 완전히 망칠 정도로 높아서는 안 된다. 생각에 대한 이러한 정정은 꼭 필요하다. 경험하기 전에는 기대가 대부분 매우 방종하기 때문이다.

모든 어리석음에 대한 최고의 만병통치약은 통찰이다. 자신의 활동과 지위의 한계를 인식하라. 그러면 생각을 현실에 맞게 바로잡을 수 있다.

상대의 교묘함을 간파하는
예민한 코를 가져라

자신의 일에서 벗어나기 위해 다른 이의 일에 관여하는 자를 조심하라. 그들의 교묘함을 간파하려면 예민한 코가 있어야 한다.

많은 이들은 자신의 일을 다른 사람의 일로 만든다. 그 의도를 풀어낼 열쇠가 없으면 발을 디딜 때마다 함정에 빠질 것이다. 다른 사람의 이익을 위해 큰 상처를 입고 있는 당신의 손을 불에서 빼내도록 하라.

쉬운 일은 어려운 것처럼,
어려운 일은 쉬운 것처럼 하라

쉬운 일을 할 때는 자신감이 우리에게 부주의를 낳지 않게 하고, 어려운 일을 할 때는 소심함이 용기를 꺾지 않게 하라. 어떤 일이 행해지지 않는 것은 그 일이 너무 쉬워 이미 행해진 것처럼 생각해서다. 반대의 경우에는 땀과 노력으로 불가능이 가능해진다.

커다란 의무를 두려워해서는 안 된다. 그렇지 않으면 어려운 일을 슬쩍 보기만 해도 우리의 행동력이 마비되기 때문이다.

대수롭지 않게 여기고
무시할 줄도 알아야 한다

어떤 일을 달성하기 위해서는 그것을 하찮게 여기는 것도 한 비결이 될 수 있다. 정작 구할 때에는 얻지 못하다가 나중에 거기에 신경도 쓰지 않고 있을 때에는 저절로 손에 들어오는 경우가 비일비재하다.

이 세상의 모든 것은 영원한 것의 그림자이기에, 이 그림자로 인해 모든 것의 속성 또한 비천한 것이 될 수 있다. 우리가 좇는 것은 도망가고, 피하고 싶은 것은 우리를 뒤따른다. 무시하는 것은 더 나아가 가장 훌륭한 복수이기도 하다.

붓으로 자신을 방어하지 말라는 것은 지혜로운 사람들의 계명이다. 그러한 방어는 흔적을 남기고, 적의 파렴치함을 징계하기보다 그에게 영광을 주는 역효과를 낳기 때문이다.

직접 공을 세워 얻을 수 없는 이름을 간접적으로 얻고자 훌륭한 인물의 적수로 나서는 것은 하찮은 자들의 술책이다. 뛰어난 적수가 나서지 않았다면 우리에게 전혀 알려지지 못했을 인물들도 많은 것이다.

망각보다 더 심한 복수는 없다. 망각은 무(無)의 티끌 속에 모든 것을 묻어버린다. 비방을 잠재우는 방법은 그것에 개의치 않는 것이다. 비방에 대응하면 손해를 입으며 우리의 위신이 깎이고 적에게 유리할 뿐이다. 작은 오점 하나로 우리 명성의 광휘가 사라지는 것은 아니지만 약해질 수는 있기 때문이다.

한순간의 분노와 기쁨을
자제해야 한다

오랜 시간의 침착함보다 한순간의 분노와 기쁨이 더 많은 문제를 야기한다. 평생 따라다닐 창피가 짧은 순간에 마련되기도 한다. 다른 이의 계략은 종종 의도적으로 그렇게 당신의 이성을 시험한다. 그것은 당신의 정신 깊은 곳까지 탐험함으로써 당신의 탁월한 두뇌를 극한까지 몰고 갈 은밀한 수단으로 사용되기 위함이다.

이를 막는 방책은 자제하는 것이다. 특히나 갑작스러운 사건에서는 더 자제해야 한다. 앙다문 이 사이로 열정이 새어나오려고 할 때에는 매우 탁월한 정신이 요구되며, 격앙된 감정이 말을 타고 달리려고 할 때에는 억세고도 현명한 정신이 필요하다. 위험을 제어하는 자는 신중하게 자신의 길을 걸어갈 수 있다.

겨우 절반만 마친 일은
드러내 보이지 마라

일의 완성을 즐겨야 할 것이다. 시작 단계의 일은 모두 제대로의 모습을 갖고 있지 못하며, 그 미완성의 모습은 상상력을 감소시킨다. 완전하지 못한 상태에서 봤던 그 기억이 나중에 완성되었을 때의 즐거움을 망쳐버린다. 위대한 대상을 한번에 즐기는 것은 물론 각 부분에 대한 판단을 엉클어지게 하지만, 감식력에서만큼은 적합한 방법이다.

무슨 일이든 온전하게 되기 전에는 아무것도 아니다. 그리고 막 시작되는 일은 아직 무(無) 속에 깊이 갇혀 있는 것이다. 맛있는 음식을 준비하는 모습을 보면 식욕보다는 메스꺼움이 더 많이 생긴다. 그래서 위대한 거장은 아직 맹아 상태에 있는 자신의 작품을 드러내 보이지 않는다. 자연에서 배우라. 자연은 아직 보일 수 없는 것은 세상에 드러내지 않는다.

우리가 꼭 소유할 필요는
없는 일이나 물건도 많다

남의 일은 본인의 일보다 더 즐길 수 있다. 많은 것들은 처음에는 소유한 자에게 즐거움을 주지만, 그 이후부터는 소유하지 않은 자에게 즐거움을 준다. 남의 일은 그것으로 인해 다칠 염려도 없고 신선함의 매력도 주기에 이중으로 즐길 수 있다.

모든 것은 아쉬울 때 더 맛있게 느껴진다. 남이 가진 물조차 신들의 음료보다 더 맛있는 법이다. 어떤 것을 소유한다는 것은 우리의 즐거움을 감소시키는 것만 아니라, 그것을 남에게 빌려줌으로써, 그리고 빌려주지 않음으로써 불쾌함도 가중시킨다. 물건은 남들에게 이야깃거리가 되는 것 외에는 아무것도 아니며, 감사하는 자보다는 적을 더 많이 만들어낼 뿐이다.

특별한 것을 택하지 말고
확실한 것을 택해야 한다

어떤 일을 잘 모르겠거든 언제나 가장 확실한 것을 붙들어야 한다. 그렇게 하면 총명하다는 평은 아니더라도 철저한 사람이라는 평은 들을 것이다.

그 반대로 배운 자는 모르는 일에 끼어들어 임의로 행동할 수 있다. 잘 알지도 못하면서 위험을 무릅쓴다면, 얻는 것은 당연히 파멸뿐이다.

그러니 항상 확실한 것을 붙들라. 이미 완성된 것은 잘못될 수 없다. 지식이 있든 없든, 어떠한 경우에서도 확실한 것을 택하는 것이 특별한 것을 택하는 것보다 현명하다.

바보가 끝에야 하는 일을
현명한 자는 처음에 행한다

바보와 지혜로운 사람이 같은 일을 하더라도 행하는 시간에는 차이가 있다. 지혜로운 자는 제때에 하고, 바보는 때를 놓쳐 행한다.

한번 분별력을 잃고 집에서 옷을 잘못 걸친 사람은 계속해서 그 상태로 나아간다. 머리에 써야 할 것을 발에 끼운 채, 왼쪽 것을 오른쪽에 입은 채, 그렇게 계속해서 모든 것을 잘못 처리한다. 그런 사람이 올바르게 원상복귀하는 유일한 방법은, 원래는 자발적으로 했어야 할 옳은 일을 억지로라도 하는 것이다.

현명한 자는 일찌감치 혹은 나중에라도 해야 할 일을 곧바로 알아차린다. 그러하기에 기꺼이 영광스럽게 그 일을 수행한다.

경쟁자와 반대자에게
이기는 기술을 터득하라

경쟁자와 반대자에 대한 경멸이 비록 이성적인 것이라 할지라도, 그들을 경멸하는 것으로는 충분치 않다. 중요한 것은 관대함이다.

당신을 험담하는 자에 대해서 좋게 말하는 것은 찬사를 받고도 남을 일이다. 이보다 더 영웅적인 보복은 없다. 당신이 새로 얻게 되는 모든 행운은 당신에게 악의를 품은 자의 목을 단단하게 죄는 밧줄이며, 당신이 얻게 되는 모든 명성은 경쟁자에게 지옥처럼 괴로운 일이다. 이것은 모든 형벌 중에서 최고의 것이다. 왜냐하면 행운에서는 독이 흘러나오기 때문이다.

경쟁자는 한 번 죽고 마는 것이 아니다. 그는 자신이 시기하는 자에 대한 찬사가 울릴 때마다 죽음을 경험한다.

나쁜 무기로는
절대로 잘 싸울 수 없다

적이 이미 좋은 쪽에 섰다는 이유로 나쁜 쪽에 남기를 고집하지 마라. 그렇게 할 경우 이미 승부가 갈려 패배한 채 전장에 들어서서 모욕과 치욕을 받게 될 것임에 분명하다.

나쁜 무기로는 절대로 잘 싸울 수 없다. 교활한 적이 더 나은 무기를 선택해 먼저 차지했다고 해서 그 적에게 대항하기 위해 더 못한 것을 움켜쥐는 것은 어리석은 짓이다. 그런 완고한 행위는 완고한 말보다도 더욱 곤경에 빠뜨린다. 말보다는 행동에 더 많은 위험이 뒤따르기 때문이다.

고집스런 자는 진실에 반항해 싸우고 진실의 유용성도 이용할 줄 모르는 저열함을 가지고 있다. 반면에 현명한 자는 결코 열정의 편에 서지 않으며 언제나 옳은 것의 편에 선다. 그래서 그는 처음부터 가장 좋은 것을 택하거나, 아니면 조금이라도 더 나은 것을 얻기 위해 그나마 두 번째로 좋은 것이라도 택한다. 후자의 경우엔 적이 어리석다면 더 나은 위치에 있던 그가 방향을 바꿔 더 나쁜 것을 택할 것이다.

상대방을 더 나은 위치에서 몰아내는 유일한 방법은 그 스스로가 더 못한 쪽을 취하게 하는 것이다. 상대방이 어리석고 고집을 부린다면 자신의 것을 버릴 것이기 때문이다.

처음의 열기에 휩싸이지 말고
두 번 생각하라

두 번 생각해야 한다. 더욱이 분명하지 않은 일인 경우에는, 그 일에 동의하거나 아니면 그 일을 개선하기 위해서 시간을 가져야 한다. 그러면 결정에 힘을 실어주고 재확인하는 새로운 근거들이 제시될 것이다.

일을 거부할 줄도 알아야 한다. 그로써 올바른 방법에 대한 시간을 벌고 "아니오"를 통해 일을 더욱 성숙시킬 수 있다. 열망에 대한 처음의 열기가 사라지면, 나중에는 피가 식으면서 거부에 대한 반감도 서서히 줄어든다.

갑자기 성급하게 부탁하는 자에게는 동의를 하더라도 나중에 해야 한다. 주목을 끌고자 하는 간계일 수 있기 때문이다.

뜻한 바를 이루기 위해
다른 이의 일에 가담하라

당신이 뜻한 바를 이루기 위해서는 다른 이의 일에 가담하라. 이는 목표에 도달하기 위한 훌륭한 방책이다. 또한 이는 중요한 위장술이다. 남들 앞에 내세워진 장점이 다른 이의 의지를 조종하는 미끼가 되기 때문이다.

남들이 당신의 의도를 알아채선 안 되지만, 그들을 이끌 계획은 있어야 한다. 깊이 생각하지 않고 절대로 앞서 나가서는 안 된다.

최고의 재능도
시대의 흐름을 따를 수밖에 없다

보기 드물게 비범한 사람들도 자신의 시대에서 벗어날 수는 없다.
모든 사람이 자기에게 적합한 시대를 살았던 것은 아니다. 물론 많
은 사람이 적절한 시대에 태어났지만 그 시대를 이용하지는 못했
다. 더 나은 시대에 태어났어야 했을 사람들도 있었다. 선(善)이 언
제나 승리하는 것은 아니기 때문이다.

　모든 사물은 그 나름의 때가 있는 법이며, 최고의 재능도 시대의
흐름을 따를 수밖에 없다. 그러나 현자에겐 한 가지 장점이 있다.
그가 불멸의 존재라는 점이다. 만약 시대가 그에게 적합하지 않다
면, 다른 많은 시대가 그를 맞을 것이다.

이치에 어긋나는
모순적인 언행을 하지 마라

진부해지는 것이 두려워 모순적이 되지는 마라. 극단적인 이 두 가지 태도가 우리의 명망을 해친다. 사리에 어긋나는 모든 시도가 이미 어리석음과 가까운 것이다. 모순되는 행동은 어느 정도는 기만이다. 그 새로움과 자극으로 인해 처음에는 찬사를 받으나, 후에 허울을 벗고 그 빈궁함이 드러나면 재앙을 가져온다. 그것은 일종의 사기이며 국사에 있어서는 나라를 망하게 한다.

탁월함의 길 위에 있지 않아 진정 위대한 공적을 이루지 못하거나 그럴 용기를 갖지 못한 사람들이 이런 모순을 보인다. 그들은 바보들에게선 경탄받지만, 현명한 사람들에게는 경고를 받는다.

이치에 어긋나는 모순적인 언행은 판단의 왜곡을 보여준다. 그리고 그것이 때로 거짓에 근거하지 않는다 하더라도 그 불확실함으로 인해 더 중요한 일에는 위험이 된다.

사자 가죽을 걸칠 수 없으면
여우 가죽이라도 걸쳐야 한다

시대와 타협한다는 것은 뛰어나다는 뜻이다. 자신의 의도를 관철해내는 사람은 절대로 명망을 잃지 않는다. 힘으로 되지 않을 때는 수완을 발휘하라. 이 길이 아니면 저 길로, 용기의 대로로 갈 수 없으면 술수의 샛길로 빠져라.

많은 일은 힘보다는 수완으로 관철되며, 지혜로운 자가 무모한 자를 압도한다. 어떤 일을 달성할 수 없다면 그 일을 무시해버리면 그만이다.

반항심을 품지 않도록
모든 지혜를 동원하라

반항심을 갖지 마라. 그것은 어리석고 역겨운 짓이다. 반항심을 품지 않도록 모든 지혜를 동원하라. 애써 감추고 있던 반항심은 때로는 정신의 명민함에서 생겨나기도 한다. 그러나 이러한 고집은 분별없다는 질책을 피할 수 없다.

반항적인 사람들은 부드럽고 유쾌한 대화를 하다가도 작은 분쟁을 일으키며 아무런 관계없는 사람들보다 친구들을 더 적으로 만든다. 이들은 맛있게 한 입 베어 먹다가도 뾰족하게 튀어나오는 가시를 찾아내고, 평온과는 정반대의 상태를 만든다. 이런 사람들은 분별력이 없고 부패하기 쉬우며, 어리석은 야생 동물과도 같다.

사고방식과 취향을
시대에 맞춰 바꾸자

시대에 순응하라. 지식조차도 유행에 따라야 한다. 유행에 따르지 않는 것은 자신의 무지를 드러내는 것이다. 사고방식과 취향을 시대에 맞춰 바꾸도록 하라. 구태의연한 생각을 갖지 말고 유행하는 취향을 하나 가져라.

어떤 분야에서든 대다수의 취향이 유력한 발언권을 가진다. 그러니 지금 힘 있는 취향을 따르고 그것을 더욱 완전하게 만들도록 하라.

지혜로운 자는 정신과 육체를 장식할 때 비록 과거의 것이 더 좋아 보여도 현재의 것에 순응한다. 마음이 선한 것만으로는 이러한 삶의 규칙이 적용되지 못한다. 미덕이란 언제나 연습되어야 하는 것이기 때문이다. 그러나 오늘날엔 아무도 미덕에 대해 알려고 하지 않는다. 진실을 말하고 약속을 지키는 것을 다른 시대의 일로 여기는 것이다.

　여전히 사랑받고 있기는 하지만 선한 사람들 역시 선했던 시절의 사람으로 여겨진다. 따라서 아직도 그런 선한 사람이 있다면 그들은 유행에 맞지 않고, 따라서 모방의 대상도 되지 못할 것이다.

　오, 미덕이 낯설게 여겨지고 비열함이 주목받는 불운한 세기여! 현명한 자는 원하는 대로는 살지 못해도 자신이 할 수 있는 대로는 살며, 운명이 그에게 거부한 것보다 부여한 것에 더 큰 가치를 둔다.

비둘기의 천성만
지니지는 마라

정직한 사람을 기만하는 것보다 더 쉬운 일은 없다. 속임을 당하는 것은 늘 어리석음 때문만은 아니다. 마음이 선량해서 속아주는 사람도 있다.

스스로의 손해를 막을 줄 아는 사람에는 두 종류가 있는데 경험한 사람과 교활한 사람이다. 경험한 사람은 자신을 희생해 이를 체득했고, 교활한 사람은 남을 희생시켜 이를 배웠다. 현명한 자는 속임수에서 멀어지려 하고, 교활한 자는 일부러 속임수에 빠져든다. 그리고 두 사람 모두 남에게 정직하지 않을 기회를 줄 정도로 정직하지는 않으려 한다.

뱀의 교활함과 비둘기의 순수함을 함께 지녀라. 당신의 몸속에 비둘기와 뱀을 함께 갖고 있어야 한다. 그래도 당신은 괴물이 아니라 경이로운 존재가 될 것이다.

어리석은 짓을
연이어 하지는 마라

많은 이들은 한 번 잘못된 일을 하면 이것을 의무로 여긴다. 이왕 길을 잘못 들었으니 계속 그리로 가는 것이 강인한 것이라고 여기는 것이다.

그들은 속으로 자신의 오류를 한탄하면서도 겉으로는 그 오류를 변호한다. 그렇게 함으로써 그들은 어리석은 짓을 시작할 때는 경솔하다는 비난을 받고, 그 일을 계속하면서 바보라는 것을 입증한다.

신중하지 못한 약속이나 잘못된 결정에 구속되지 마라. 어떤 이들은 현명한 방법을 가르쳐주는 데도 처음의 어리석은 짓을 계속하면서 그것을 고집한다.

하나의 어리석음에서
또 다른 어리석음을 만들지 마라

한 가지 어리석음을 개선하려다 다른 네 가지 어리석음을 범하거나, 한 가지 잘못을 고치려다 더 큰 잘못을 저지르는 일은 빈번하게 발생한다. 이것은 거짓에서 비롯되는 어리석음이거나, 어리석음에서 비롯되는 거짓이다. 둘 모두 저열하기에, 그 자체를 유지하는 데 다른 많은 것들을 필요로 한다.

잘못된 비난보다 더 나쁜 것은 잘못을 보호하려는 것이다. 그리고 악 그 자체보다 더 악한 것은 그 악을 감추지 못하는 것이다. 이것은 불완전함의 타고난 속성으로, 모든 불완전함은 이자를 받고 다른 많은 이들에게 그것을 넘겨주려고 한다.

과실은 지극히 현명한 자라도 저지를 수 있으나, 그 과실이 되풀이되어서는 안 된다. 그리고 그 과실은 지나가는 것은 괜찮으나 한 자리에 머물러서는 안 된다.

사물은 실제가 아니라
보이는 모습으로 통용된다

사물은 실제가 아니라 보이는 모습으로 통용된다. 내면을 볼 줄 아는 자는 드물다. 반면 외양에 매달리는 자는 많다. 외양이 간사해 보이면 실제 내심이 정직한 것만으로는 충분치 않다.

자신의 책략을
신중하게 감출 수 있어야 한다

때로는 겉으로 드러나는 의도에 즉각 반응하고, 때로는 숨은 의도까지 기다렸다가 반응하라. 인간의 삶은 인간이 가진 사악함과의 투쟁이다. 지혜는 자신이 의도하는 대로 책략을 구사할 수 있도록 우리를 이끌어준다.

지혜로운 자는 언제나 자신의 책략을 신중하게 감춘다. 자신의 의도를 보여주는 경우는 적의 주의를 다른 곳으로 돌리려 할 때다. 그러나 곧 다시 뒤돌아서서 그 누구도 생각하지 못했던 것을 통해 승리를 거둔다. 그에 앞서 다른 한편으로 지혜는 주의를 기울여 예리하고 날카로운 감각으로 앞일을 예견하고, 치밀한 생각을 하면서 기회를 엿본다.

지혜로운 사람은 언제나 남들이 자신에게 보여주는 모습의 이면을 이해하고 모든 거짓의 기색도 바로 파악한다. 지혜로운 사람은 적의 첫 번째 의도를 그냥 흘려보내고 두 번째, 세 번째의 의도를 기다린다.

　이제 적의 연기는 한층 기교를 더하면서 점점 더 높이 치달으며 스스로를 기만하려고까지 한다. 자기의 술수를 바꾸려고 연기 방식에도 변화를 준다. 그래서 온전하기 그지없는 정직함을 기반으로 한 기만 행위를 통해 가장하지 않은 것이 가장한 것으로 보이게끔 한다. 그러나 깨어 있는 지혜는 관망할 줄 알고, 날카로운 눈매를 통해 빛 안에 감추어진 어둠을 통찰한다.

보이는 방식이
곧 그 사물임을 깨닫자

사물이 가진 본질적인 것만으로는 충분하지 않다. 거기에 수반되는 모든 주변 상황도 필수적이다. 나쁜 외양은 모든 것, 심지어 법도와 이성까지도 부패시킨다. 반대로 훌륭한 외양은 모든 것을 대신할 수 있어서, 부정적인 것은 빛을 발하게 하고, 진실은 달콤하게 만들며, 흘러가는 세월조차 아름답게 꾸밀 수 있다.

보이는 방식이 곧 그 사물이다. 정중한 태도는 마음의 소매치기다. 아름다운 행동거지는 삶의 장식이고, 유쾌한 모든 표현은 놀라우리만큼 측면지원을 해준다.

통찰력을 가진 사람에게
조언 구하기를 꺼려하지 마라

통찰력을 지니거나, 아니면 그것을 가진 자에게 귀 기울여라. 자신의 것이든 아니면 빌려온 것이든, 분별력이 없으면 살아갈 수 없다. 그러나 많은 이들이 자신이 무지함을 알지 못하고 있으며, 또 어떤 이들은 안다고 믿으나 실제로는 아무것도 알지 못한다.

무지한 자는 자신을 알지 못하기에 무지에서 벗어날 생각도 하지 않는다. 자신이 현명하지 않다고 믿는 자가 현명한 것이다.

조언을 구하는 것은 당신의 위대함을 깎는 일이 아니며 능력의 결여를 나타내는 것도 아니다. 훌륭하게 조언을 구하는 것은 오히려 당신이 위대하고 능력 있는 자임을 보여주는 것이다.

마지막이 항상 공정함으로
장식되지는 않는다

극도로 파렴치한 자들이 최후의 승리를 거두기도 한다. 그들의 생각과 의지가 세력을 얻은 것이다. 그들이 자신들의 봉인을 찍고 나면 앞의 승자는 잊혀진다.

최초의 승자는 쉽게 패배할 수 있는 것이기에 결코 승자가 아니다. 누구나 최초의 승자를 그들 자신의 색채로 덮어버린다. 믿었던 자들도 아무 소용이 없으며, 최후에 승리하지 못한 자는 평생 미숙한 자로 남는다. 뜻하는 것과 원하는 것 사이에서 그들은 이리저리 내던져지고, 늘 의지와 이성 사이를 절뚝거리면서 오가고, 이쪽에서 저쪽으로 비틀거리며 걸어간다.

모든 사람을 높이 평가하고
무언가를 배우려 하자

그 어떠한 것에서도 타인의 스승이 될 수 없는 사람은 아무도 없다. 그리고 타인을 능가하는 그 누구라도 또 다른 누군가에 의해 압도당할 수 있다. 각 개인에게서 유용한 점을 이끌어낼 줄 아는 것은 유용한 지식이다.

현명한 자는 모든 사람을 높이 평가한다. 모든 사람은 개개인마다 어느 정도의 좋은 점을 가지고 있음을 알고 있기 때문이다. 반면에 어리석은 자는 모든 사람을 멸시한다. 좋은 점을 인식해낼 줄 모르고 훨씬 더 나쁜 점만 가려내기 때문이다.

자기 시대의
뛰어난 위인들을 알라

한 시대의 위인의 수는 그다지 많지 않다. 위대한 지휘관, 완벽한 연설가, 그 세기의 현자, 위대한 군주는 드물다. 평범한 것은 일반적이기에 그 수도 많고 가치도 낮지만, 탁월한 것은 어떤 분야에서든 희귀하다. 위대함은 완전성을 필요로 하기 때문이다. 그 종류가 숭고한 것일수록 그 안에서 최고가 되기는 더욱 어렵다.

많은 이들이 카이사르(로마 공화정 말기의 정치가이자 장군_옮긴이)와 알렉산더 대왕(대제국을 건설한 마케도니아의 왕_옮긴이)의 별명을 취했지만 소용없었다. 위대한 행동이 따르지 않는 말은 지나가는 산들바람에 불과하기 때문이다.

세네카(로마 시대의 철학자_옮긴이)와 같은 철학자는 몇 되지 않았다. 그리고 이 세상은 오직 한 사람의 아펠레스(알렉산더 대왕 시대의 그리스 화가_옮긴이)만을 알았을 뿐이다.

위대한 이들에 대한
혐오감을 억제하라

마음이 흐르는 대로 놔두다보면 가끔 상대의 성격을 알게 되기도 전에 혐오감을 품게 될 때가 있다. 이 타고난 비천한 반감은 이따금 아주 훌륭한 사람까지도 그 대상으로 삼으려 한다.

지혜는 이 감정을 다스린다. 왜냐하면 우리보다 현명한 사람을 싫어하는 것보다 더 나쁜 것은 없기 때문이다. 위대한 이들에게 공감하는 것보다 더 중요한 것은, 위대한 이들에 대한 혐오감을 억제하는 것이다.

친화감을 인식하고
구분하며 이용하라

마음과 기질의 친화감이라는 것이 있다. 그것의 효과는 무지한 대중이 마약의 힘이라고 생각할 정도로 큰 것이다. 그것은 존경받는 데 그치지 않고 호의와 애정까지 얻게 한다. 그것은 말 없이도 설득할 수 있고, 노력 없이도 결실을 얻을 수 있다.

　친화감에는 적극적인 것과 수동적인 것이 있는데, 두 가지 모두 행복을 가져다주며, 그 표현방식이 훌륭할수록 더 많은 행복을 안겨준다. 친화감을 인식하고 구분하며 이용할 줄 아는 것은 훌륭한 수완이다. 이러한 은밀한 은총 없이는 아무리 고집스럽게 노력해도 목표에 다다를 수 없기 때문이다.

지나친 선량함 때문에
나쁜 사람이 되지는 마라

마음이 너무 좋기만 한 사람은 화낼 줄도 모른다. 그건 그 사람의 태만함이 아닌 무능력에서 기인하는 경우가 많다. 어떤 일에 적절한 반응을 보인다는 것은 자신이 인격체임을 보이는 것이다.

　새들도 때로는 허수아비를 조롱할 줄 안다. 달콤함과 새콤함을 번갈아가며 보인다는 것은 훌륭한 감식력이 있음을 반증하는 것이다.

　아이와 바보는 달콤함만 가지고 있다. 마음만 너무 좋아서 그런 무감각한 상태로 빠지는 것도 죄악이다.

당신의 윗사람을
이기려 들지 마라

모든 우월함은 미움을 산다. 당신의 윗사람을 능가하려는 것은 어리석음의 소치이거나 운명의 장난이다. 우월함은 언제나 혐오의 대상이 되어왔다. 우월함이 클수록 혐오도 커진다.

신중한 사람이라면, 평범한 이들이 내세우는 장점을 감출 것이다. 자신의 아름다움을 허름한 옷으로 가리는 것이 그런 예다. 아마도 행복의 여건이나 기질이 누군가에게 뒤떨어지는 것은 흔쾌히 용인해도, 지성이 뒤처지는 것을 용납할 사람은 없을 것이다.

군주라면 더욱 그럴 것이다. 지성은 제왕의 속성이기에, 이를 침범하는 것은 모두 제왕에 대해 죄로 범하는 것으로 간주된다. 군주들은 그런 사람들이다. 그래서 자신들이 가장 두드러지게 갖고 있는 것을 놓치지 않으려 한다.

그들은 남들에게 도움 받는 것은 좋아할지언정, 남들에게 압도

당하는 것은 싫어한다. 그러므로 그들에게 충고할 때도 마치 그들이 잊고 있었던 것을 상기시켜주는 것처럼 하라. 그들이 찾지 못한 불빛을 찾아내주는 것처럼 해서는 안 된다.

별은 우리에게 그러한 기술에 이르는 행복한 안내법이 되어준다. 별은 본래 태양의 자식으로서 눈이 부시도록 밝지만, 무모할 정도로 환하지는 않아 그 불빛을 따라 걸어갈 수 있도록 해준다.

윗사람의 비밀을
절대로 알려고 들지 마라

친해졌다고 생각하다가 된서리를 맞는 경우가 있다. 많은 이들이 상대방과 친해진 탓에 모든 것을 망쳐버린다. 윗사람이 자신의 비밀을 알려주는 것은 호의에서가 아니라, 그저 마음의 충동 때문이다.

이미 많은 사람들이 거울을 깨뜨렸다. 그 거울을 보면 자신의 추악한 얼굴을 떠올리게 되기 때문이었다. 우리는 우리를 이미 본 사람을 보고 싶어 하지 않는다. 그가 우리의 나쁜 점을 본 사람이라면 더욱더 그렇다.

그 누구도 우리에게 지나친 부담감을 가지게 하지 마라. 무엇보다 권력을 가진 자가 우리가 보여준 호의로 인해 우리를 부담스럽게 여기지 않도록 하라.

우정을 너무 믿어 비밀을 나누는 것은 특히나 위험하다. 남에게 자신의 비밀을 털어놓은 자는 자신을 스스로 그의 노예로 만드는 것과 같다. 이는 윗사람에게 절대로 오래 지속될 수 없는 강압적인 상황으로 다가간다. 그러면 결국 윗사람은 자신의 잃어버린 자유를 되찾고자 할 것이고, 그러기 위해 공정함과 이성을 포함한 모든 것을 짓밟을 것이다. 그러니 비밀은 듣지도 말고, 말하지도 마라.

Baltasar Gracián

4장

명망을 얻고
유지하기 위한
인생 수업

부재를 통해
공경과 존경을 얻어라

자리에 있으면 명성은 줄고, 자리에 없으면 명성은 커진다. 자리에 없으면 사자로 대우받던 사람도, 눈앞에 보이면 우스꽝스러운 동물이 된다.

위대한 재능은 사람들이 직접 확인하게 됨으로써 그 광휘를 상실한다. 정신의 위대한 진가를 보기보다는 그 가장자리만 보기가 더 쉽기 때문이다.

상상력은 실제 얼굴보다 더 풍요로우며, 착각은 귀로 들어가서 눈으로 빠져나온다. 명성의 장막 속에 조용히 침잠해 있는 사람이 명성을 유지하게 될 것이다. 불사조도 명예를 얻기 위해 뒤로 물러서는 법을 택하며, 이로써 영원히 높은 평가를 받으며 열망의 대상이 된다.

존경과 사랑을 동시에 받는 건
정말 크나큰 행운이다

일반적으로 존경을 얻으려면 사랑받으려 해서는 안 된다. 사랑받는 것은 미움을 사는 것보다 더 무모한 일이다. 사랑과 존경은 서로 화합되기 어렵다.

물론 너무 두려운 존재가 되어서도 안 되지만, 너무 사랑받아서도 안 된다. 사랑은 신뢰를 낳고, 사랑이 한 걸음씩 앞으로 내디딜 때마다 존경은 한 걸음씩 뒷걸음친다.

헌신적인 사랑을 얻기보다는 차라리 경외를 품은 사랑을 얻어라. 그러한 사랑이라면 적절한 것이다.

한 사람의 인격은
그의 지위보다 더 나아야 한다

한 사람의 인격은 그가 가진 지위보다 더 나아야 하는데, 그 반대여서는 안 된다. 지위가 아무리 높더라도 인격은 항상 그보다 더 훌륭해야 한다. 포용력 있는 정신은 스스로를 항상 더 넓혀나가며, 그럴수록 그의 지위도 더 두드러져 보인다. 반대로 편협한 사람은 이내 자신의 허점을 드러내고, 결국에는 명망을 잃고 따르는 자들도 잃는다.

아우구스투스 대제(로마 제국의 초대 황제_옮긴이)도 군주로서의 지위보다는 인간됨이 더 훌륭하다는 것을 자신의 영예로 여겼다. 여기에 고상한 정신과 사려 깊은 자신감이 따른다면 그 이상 훌륭한 인간됨은 없을 것이다.

조용한 권위는
완성된 인간만이 지닐 수 있다

성숙함은 외모를 두드러지게 해주고 몸가짐을 더욱 빛나게 해준다. 물질적으로 비중이 나가는 것은 사물을 귀한 금으로 만들지만, 도덕적으로 비중이 나가는 것은 사람을 가치 있게 해준다. 성숙함은 당신이 지닌 모든 능력에 위엄을 부여해주고 존경을 일깨운다.

한 인간의 평정심은 그가 지닌 영혼의 모습을 보여준다. 이는 경솔하고 무기력한 바보에게서는 볼 수 없으며, 매우 침착한 권위를 지닌 자에게서만 느낄 수 있는 것이다. 그러한 자의 말은 금언이며, 그러한 자의 활동은 성공하는 행위다.

이 조용한 권위는 완성된 인간만이 지닐 수 있다. 인간은 성숙한만큼 완전해지기 때문이다. 사람은 아이이기를 멈출 때 진지함과 권위를 갖추게 된다.

중요한 사람인 척하지 말고
진짜 중요한 사람이 되어라

많은 사람들은 아무런 근거도 없이 자신이 중요한 일을 하고 있는 것처럼 보이려 한다. 자신이 하는 모든 일을 가장 우둔한 방법으로 신비롭게 꾸미는 것이다. 이들은 갈채에 맞춰 색을 바꾸는 카멜레온이며, 모든 사람에게 마르지 않는 웃음거리를 제공해준다. 허영은 어디를 가나 역겨움을 유발하지만, 이 경우에는 우습기까지 하다. 이 명예의 개미들은 위대한 행위들을 구걸해 모으는 것이다.

반대로 자신이 지닌 장점을 과시하듯 내세워서도 안 될 것이다. 자신의 행동으로 만족하되, 그에 대한 이야기는 남에게 맡겨라. 행동에 전념하되, 이로써 무엇을 사려고 하지는 마라.

추잡한 것을 쓰는 황금 깃털이라면 빌리지도 마라. 현명한 자에게는 역겹기만 하다. 영웅처럼 보이려 애쓰기보다는 영웅이 되기 위해 분투하라.

숭고한 품성을 가진
사람이 되어라

최고의 품성이 최고의 사람을 낳는다. 그리고 단 한 명의 훌륭한 사람이 수많은 보통 사람들보다 더 소중하다.

　어떤 한 사람이 있었다. 그는 자신의 모든 것, 심지어는 평범한 가재도구조차도 큰 것을 좋아했다. 그 위대한 사람은 자신의 정신이 가진 모든 특성까지도 위대해야만 했다.

　신에게 모든 것은 무한하고 끝이 없다. 영웅도 마찬가지다. 영웅은 모든 것이 크고 웅장해야만 하며 모든 행동, 심지어 말에도 열정적이고 위대한 탁월함을 갖추고 있어야 한다.

늘 누군가 지켜보고 있는 것처럼
행동해야 한다

사람들이 자신을 보고 있거나, 보게 될 것임을 아는 사람은 신중한 사람이다. 그는 벽에서도 소리를 들을 줄 알며, 잘못된 행동이 벽에 금을 내고 무너뜨리려고 하는 것도 알아챈다. 그는 혼자 있을 때에도 온 세상의 눈이 자신을 보고 있는 것처럼 행동한다. 언젠가는 사람들이 모든 것을 알게 될 것임을 알고 있기 때문이다.

그는 시대의 증인처럼 관찰하면서, 세상 사람들이 훗날 알게 될 것을 바라본다. 온 세상이 늘 자신을 바라보기를 갈구하는 자에게는 혼자 집에 있을 때에 옆집에서 자신을 바라보는 것쯤은 문제되지 않는다.

천재성, 분별력, 감식력이
경이로운 사람을 만든다

비옥한 천재성과 뛰어난 분별력, 신중하고도 유쾌한 감식력은 신이 인간에게 부여한 최고의 세 가지 재능이다. 이 세 가지가 경이로운 사람을 만든다.

올바로 파악한다는 것은 훌륭한 장점이다. 그러나 올바로 생각하고 선한 것을 통찰할 줄 아는 것은 더 훌륭한 장점이다. 분별력은 척추 속에서 가만히 앉아 있어서는 안 된다. 그러면 감각이 날카로워지기보다는 오히려 고통스럽기만 할 뿐이다.

올바르게 생각한다는 것은 분별력 있는 자연의 열매다. 사람의 나이 20세면 의지가 우리를 지배하고, 30세면 천부적인 재능이, 40세면 판단력이 우리를 지배한다.

이 세상에는 칠흑 같은 어둠 속에서도 살쾡이의 눈처럼 빛을 발해 사물을 올바르게 분별하는 사람들이 있다. 또 현재 가장 목표로 삼아야 할 것이 무엇인지 파악해 기회를 놓치지 않는 사람들도 있다. 이런 사람들은 크고 좋은 것을 얻게 된다. 이 얼마나 행복한 결실인가! 훌륭한 감식력은 삶 전체에 양념을 쳐준다.

미덕을 지니고 있으면
그것으로 족하다

미덕은 모든 완전함을 묶어주는 끈이며, 모든 행복의 중심이다. 미덕은 인간을 이성적이고 신중하고 지혜롭고 분별력 있고 현명하고 용기 있고 사려 깊고 정직하고 행복하고 호감 가고 진실되고 또 모든 점에서 영웅답게 해준다.

우리를 행복하게 만들어주는 것이 세 가지 있다. 이는 스페인어로는 모두 'S'로 시작하는 것들인데, 성스러움(sacramento)과 건강(salud), 지혜(sabiduria)가 바로 그것이다.

미덕은 소우주의 태양이며, 미덕의 중심은 바로 훌륭한 양심이다. 미덕은 매우 아름답기에 신과 인간 모두에게 은혜롭다. 미덕만큼 가치 있는 것도 없고 악덕만큼 혐오해야 할 것도 없다. 미덕만이 진지한 것이고, 다른 모든 것은 농에 불과하다.

사람의 능력과 위대함은 행운이 주어지느냐 주어지지 않느냐가 아니라, 그 사람의 미덕에 따라 평가되어야 한다. 미덕만 있으면 그 것으로 족하다. 미덕을 지닌 사람은 살아 있는 동안에는 사랑받고, 죽은 후에는 사람들의 기억 속에 남는다.

명성을 해치는
제일 큰 걸림돌은 경솔함이다

당신이 인간임을 보여주는 때보다 더 인간으로서의 가치를 잃게 되는 때는 없다. 남들이 당신을 인간으로 보게 되면, 당신을 신으로 보던 눈길이 사라진다.

경솔함은 우리의 명성을 해치는 제일 큰 걸림돌이다. 신중한 사람이 사람 이상의 존재로 여겨지듯, 경솔한 사람은 사람 이하의 존재로 여겨진다.

경솔한 사람은 더 이상 실체성을 가지지 못한다. 그를 우월하게 여기던 시대가 지나고 늙게 되는 경우에는 더욱더 그러하다. 그는 여전히 아무것도 아닌 존재가 되고 가치를 상실한다.

남들이 청하지 않으면
주제넘게 나서지 마라

주제넘게 나서지 않으면 남들에게 무시당하지 않는다. 남들의 존중을 받으려면 스스로 자신의 가치를 유지하라. 자신의 인격에는 관대하지 말고 엄격하라. 남들이 청할 때 들어서야 환영받는다. 부르지 않을 때는 절대로 가지 말고, 남들에게 청해질 때에만 가라.

　제멋대로 나서게 되면, 일이 잘못될 경우에 모든 불만을 다 짊어지게 되어 있다. 반대로 일이 잘된다 하더라도 그에게 고마움을 표하는 사람은 없을 것이다. 주제넘게 나서면 온갖 무시와 경멸을 당한다. 뻔뻔하게 달려드는 자는 창피를 안고 돌아가게 될 것이다.

자신을 화려하게
가꿀 줄 알아야 한다

자신을 화려하게 가꾸는 것은 자신의 재능에 환한 빛을 비추어주는 것이다. 누구에게든 자신을 가꿀 좋은 기회는 오기 마련이므로 그것을 이용해야 한다. 매일 매일이 승리의 날은 아니기 때문이다.

자신을 그럴싸하게 꾸며 하찮은 것들을 감추고, 약간의 장점은 경탄할 만한 일로 바꾸는 사람들이 있다. 탁월한 재능에 자신을 가꿀 줄 아는 능력이 더해지면 경이로운 명성을 얻을 것이다.

피조물의 외관을 찬란하게 만드는 것은 중요하다. 화려함은 많은 것을 채워주고 많은 것을 보완하며 모든 것에 제2의 삶을 부여한다. 특히 그 화려함에 내실이 뒷받침될 경우에는 더욱 더 그러하다.

온전함을 선사하는 하늘은 화려하게 꾸밀 줄 아는 소질도 부여한다. 둘 중 어느 하나만으로는 충분하지 않기 때문이다. 화려하게 자신을 꾸미는 데에도 기술은 필요하다. 가장 탁월한 것조차도 상황에 좌우되며, 매일 매일이 자신의 최고의 날은 아니다.

　다만 때를 못 맞춘 화려함은 추하다. 잘난 척하며 자신의 장점을 과시하면 화를 부른다. 그것은 허영으로 빛이 나서 경멸을 불러오기 때문이다. 천박하지 않으려면 절제할 수 있어야 한다. 현명한 자라면 지나친 화려함은 피할 것이다. 때로는 침묵이 더 화려하고, 무관심이 온전함을 더욱 돋보이게 해준다. 삼가는 태도가 가장 크게 호기심을 자극하고, 지혜롭게 감추는 것이 가장 효과적인 드러냄일 수 있다.

　자신의 완전함을 한 번에 다 드러내지 않고 조금씩 보여주어 찬사를 받으며 그 상태를 계속 유지하는 것이 노련함이다. 모든 빛나는 공적은 더 큰 공적의 근거가 되어야 하며, 최초의 찬사에는 다음의 찬사에 대한 기대가 있어야 한다.

사람을 끌어당기는
매력의 소유자가 되어라

지혜롭고 예의 바른 행동을 하는 것은 매력이 된다. 이렇게 남을 기분 좋게 하는 자석 같은 매력을 지니면 모든 일에서 실제 이익보다 더 큰 호의를 얻을 수 있다. 남들의 호의로 뒷받침되지 않는 공적은 찬사를 얻지 못한다.

다른 사람을 지배하는 가장 효과적인 수단은 탁월한 매력이며, 이것은 행운의 문제다. 그러나 여기에 기술이 더해진다면, 한결 더 쉬워진다. 탁월한 자연 정원도 인공의 노력이 더해진다면 보다 뿌리를 내리기 쉬워지기 때문이다. 인공의 노력으로 타인의 마음을 얻고 점차 일반인들의 호의를 소유하라.

위신이 깎이지 않는 한
남들과 함께하라

자신이 항상 중요한 존재인 것처럼 행동해 타인을 신물나게 만들지 마라. 이는 고상한 예의에 속한다. 일반인들의 호감을 사려면 자신의 위엄을 낮출 줄도 알아야 한다. 때로는 대다수가 좋아하는 일을 좋아해보라.

하지만 품위를 잃어서는 안 된다. 공공연하게 바보로 간주되는 사람은 공공연하지 않은 곳에서도 사려 깊은 사람으로 여겨지지 않기 때문이다. 존경받으며 오랫동안 쌓아온 것을 하루아침에 잃을 수도 있다.

그렇다고 늘 고립되어 있지도 마라. 사람들은 동떨어져 있는 것을 대수롭지 않은 존재와 같은 의미로 판단한다. 진지한 척하는 것은 더욱 안 된다. 이런 태도는 항상 점잔만 빼는 부류로 보이게 한다. 종교적인 거만함 역시 마찬가지다.

공적을 쌓아가면서
중도를 걸어가라

높은 명성에 이르는 참된 길은 공적을 쌓는 것이다. 성실함은 진정한 가치의 근거가 되며, 명성을 얻는 최단 지름길이다.

　흠결이 없는 것만으로는 충분치 않다. 애쓰며 일만 하는 것도 마찬가지다. 그렇게 획득된 명성은 흙탕물 한 번 뒤집어쓰면 토할 듯 메스꺼워진다. 중요한 것은 공적을 쌓아가면서 만들어낸 그 사잇길, 중도를 걸을 줄 아는 것이다.

자기 자신이나 남의 명망을
손상시키지 마라

자기 자신 혹은 남들이 복잡한 일에 연루될 계기를 허용하지 마라. 부단히 예의에 어긋나는 일을 하면서 자기 자신이나 다른 사람의 명망을 손상시키는 사람들이 있다. 이들과는 어울리게 되었다가도 금세 불쾌한 감정을 안고 헤어지게 되어 있다. 하루에 100가지의 언짢은 일이 이들에겐 적은 것이다. 이들은 머리카락도 심기에 거슬릴 정도로 변덕이 심하다.

　이들의 분별력은 거꾸로 되어 있어 모두에게 저주를 퍼붓는다. 다른 사람의 지혜에 대해 이들은 아무것도 좋은 것이 없다고 하며, 모두 것이 나쁘다고 말한다. 예법이 존재하지 않는 넓은 왕국에는 괴물들이 많이, 그것도 아주 많이 있다.

말과 행동에서 외경심을 일으킬
그 무언가를 가져라

말과 행동에서 외경심을 일으킬 무언가를 가지면, 어디서든 명성과 존경을 얻게 될 것이다. 모든 것, 즉 교제, 말과 시선, 성향, 심지어 걸음걸이에서도 마찬가지다.

다른 이의 마음을 사로잡는 것은 실로 위대한 승리다. 그것은 어리석은 무뚝뚝함이나 이야기를 나눌 때의 거만함에서 비롯되는 것이 아니다. 그것은 일을 통해 쌓은 자연스런 우월함에서 비롯된 권위에 근거하는 것이다.

자신의 새로운 면모를
이용해야 한다

누구든 늘 새로워지기 위해 노력한다면 좋은 평가를 받을 수 있다. 사람들은 새로운 것을 좋아한다. 새로운 것은 변화를 의미하기 때문이다. 사람들은 이 변화에서 신선함을 느끼며, 반짝반짝하는 이 새로운 범상함은 식상한 우월함보다 더 높게 평가된다.

그러나 이 새로움의 영광은 오래 가지 않음을 알아야 한다. 나흘만 지나도 존경은 사라진다. 그러니 처음의 좋은 평가를 잘 이용해 찬사가 금세 사라지기 전에 마땅히 취할 수 있는 좋은 것은 모두 취하라. 새로움의 열기가 일단 한번 지나가고 나면 열정은 차갑게 식어버리기 때문이다. 그런 후에는 새로운 것에 대한 호의는 일상적인 것에 대한 권태로 바뀐다. 모든 것에는 때가 있으며, 그때는 지나가는 것임을 명심하라.

명망이 더럽혀질 수 있는 일에는
관여하지 마라

명망보다 멸시를 가져올 헛된 일은 더욱 멀리하라. 현명한 사람이라면 당연히 멀리할 이상한 집단들이 많이 있다. 그런데 지혜로운 자들이 버린 것을 주워서 그 진기함을 매우 마음에 들어하는 특이한 취향을 가진 사람들도 있다. 그러나 그렇게 함으로써 그들의 이름은 찬양이 아닌 비웃음의 대상으로 세간에 알려질 것이다.

신중한 사람은 지혜와 관련된 일에서조차 눈에 띄는 방식을 지양한다. 자신을 따르는 추종자들을 웃음거리로 만들 만한 일에서는 더더욱 그렇다.

환영받는 직위를
선호해야 한다

대부분의 일은 사람들의 호의로 좌우된다. 서풍이 불어야 꽃이 피 듯이, 가치를 인정해줘야 호흡과 생존의 관계처럼 재능이 발휘된다.

세상에는 일반인의 갈채를 받는 직위와 직업이 있다. 그리고 어떤 직위와 직업은 더 중요한 데도 불구하고 아무런 명성을 누리지 못하기도 한다. 전자가 호의를 얻는 것은 모든 이의 눈앞에서 행해지기 때문이다. 후자는 진귀하거나 가치 있는 것을 안으로만 가지고 있기에 주목받지 못한다. 존경은 받지만 갈채는 따르지 않는 것이다.

재능 있는 자는 모든 이의 눈에 띄면서도 그 영향이 모든 이에게 미치는 그런 찬양받는 직위를 선호한다. 그럴 때 대중의 목소리는 그에게 불멸의 명성을 선사한다.

험담의 대상이 되지 않도록
각별히 조심하라

대중들은 질투하는 눈도 많고, 비방하는 혀도 많다. 대중 사이에 그 어떤 험담이 돌게 되면 명망 있는 자도 고통을 당한다. 그가 천박한 별명으로 불리게 되면 그의 명예는 땅으로 곤두박질친다.

이렇게 되는 것은 대개는 어떻게 할 수 없는 궁지에 몰리거나 우스꽝스러운 잘못을 저지르는 등 구설수에 오를 만한 일을 했을 때다. 그러나 때로는 한 개인의 술책이 사악한 인신공격으로 이어지기도 한다. 언제나 중상하는 자들은 있고, 이들의 한마디로 공공연한 비난보다 더 빨리 커다란 명성을 깎아내릴 수 있다.

나쁜 명성에는 쉽게 도달한다. 왜냐하면 나쁜 것은 매우 믿을 만해 보이기 때문이다. 치욕을 씻어내기는 어렵기에, 현명한 자는 그러한 일들을 피하고 대중의 파렴치함에 늘 깨어 있다. 바로잡는 것보다 예방하는 것이 더 쉽다.

대범하고 숭고한
몸가짐을 가져라

위대한 사람은 행동할 때 소심해서는 안 된다. 일을 할 때 결코 너무 작은 것에 매달릴 필요가 없으며, 특히 불쾌한 일에서는 더 그렇다. 매사에 그때그때 주의하는 것은 장점이지만, 모든 일을 의도적으로 파헤치고 드는 것은 장점이 아니기 때문이다.

평상시에는 관대함을 보여 당신의 고상한 품위를 유지하라. 다른 사람을 다룰 때 중요한 것은 눈감을 줄도 아는 것이다. 친척과 친구, 특히 적들 사이에 있을 때에는 대부분의 일을 못 본 척하며 지나쳐야 한다. 매사에 도가 지나치는 것은 거부감을 일으키고, 불쾌한 일에서는 더욱 그렇다. 자잘한 일에 틈만 나면 관여하는 것은 일종의 미친 짓이다. 가슴과 이성을 가지고 대한다면 모든 이의 마음을 살 것이다.

당신이 하는 일을
최대한 돋보이게 하라

당신이 하는 일의 내적 가치만으로는 충분치 않다. 누구나 핵심까지 꿰뚫고 들어온다거나 내면을 통찰할 수 있는 것은 아니기 때문이다.

오히려 사람들 대다수는 이미 모두들 몰려 있는 곳으로 따라갈 뿐이다. 그들 눈에는 다른 사람들이 그곳으로 가는 것만 보일 뿐이기에. 자신이 하는 일을 우러러보게 하고, 때로는 널리 알려 호기심을 자극하고, 때로는 멋진 이름으로 존경심을 야기하는 것은 대단한 기술이다.

그러나 이때 모든 가장은 피해야 한다. 나아가 현명한 사람만이 자신의 일을 평가할 수 있다고 말하는 것 역시 일반인을 자극하는 한 방법이다. 누구나가 자신을 지혜로운 사람이라고 생각하기 때문에, 만약 그렇지 않다고 하면 그에 대한 허기가 열망을 자극하게 되는 것이다.

그와 반대로 자신의 일을 절대로 사소하다거나 일상적인 것으로 느끼게 하지 마라. 그렇지 않으면 당신은 부담을 더는 것이 아니라 멸시만 불러올 뿐이다.

모든 사람은 평범하지 않은 것을 갈망한다. 그것이 사람들의 지성과 감식력을 더 자극하기 때문이다.

명성을 얻어내고
이를 잘 지켜내라

명성을 얻기는 어렵다. 명성은 오직 탁월한 능력에서만 나오기 때문이다. 그리고 범용한 능력이 흔한 만큼, 탁월한 능력은 드물다. 그러나 명성을 한번 얻기만 하면, 그 명성을 지켜내기는 쉽다.

명성은 인간을 구속함과 동시에 그 이상의 효과도 발휘한다. 명성은 그 근원과 영역이 고귀하기에, 명성이 숭배에까지 이르면 우리에게 위엄을 선사한다. 그러나 현실에 근거한 명성만이 불멸의 영원성이 있다.

당신이 가진 으뜸 패를
여기저기 소진하지 마라

아무 곳에도 쓸모없다는 것은 커다란 불행이다. 하지만 매사에 쓸모 있는 사람이 되려는 것은 더 큰 불행을 낳는다. 그런 사람들은 너무 많은 것을 얻음으로써 잃게 되고, 처음에 그토록 그를 열망하던 모든 이들에게 결국 혐오의 대상이 된다.

으뜸 패를 곳곳에서 쓴다는 것은 모든 종류의 완전함을 자신에게 끌어당겨 그것을 모두 소진시킨다는 뜻이다. 그렇게 해서 으뜸 패를 다 쓰고 나면, 결국에는 보기 드문 사람으로 존중받는 게 아니라 천한 사람이라고 멸시를 받는다.

그러한 극단을 막는 유일한 방법은 영광을 누릴 때 절제하는 것이다. 완전함에도 지나침이 있으니, 그것을 표현할 때에는 절제하라. 불꽃이 활활 타오를수록, 그 불꽃은 스스로를 태우며 자신의 수명을 단축시킨다. 자기표현을 아끼면 더 높은 평판을 얻는다.

어떤 일에서든 1인자가 되면 큰 명성이 뒤따라온다

어떤 일에서든 1인자가 되면 큰 명성이 뒤따라온다. 그리고 거기에 탁월함이 더해지면 명성은 두 배가 된다.

카드를 손바닥 안에서 가지고 놀 수 있는 도박꾼은 커다란 강점을 가진 것이다. 게임에 특별한 변화만 없다면 그는 이기게 되어 있다. 마찬가지로 많은 사람들이 자신의 직업에서 자신보다 더 앞선 자가 없었다면 그 직업에서 불사조가 되었을 것이다.

어떤 일에서든 1인자는 명성의 상속자가 되어 그 일에서 떠나며, 나머지 사람들은 소송을 통해 양육비 정도만 받을 뿐이다. 2인자들은 무엇을 하려든 간에 그들은 모방자라는 오명을 씻어내지 못한다. 뛰어난 자의 영민함만이 유명해지는 새로운 길을 찾아낼 수 있다.

영웅적인 인물을
모방하기보다는 경쟁하라

영웅적인 인물을 모방하기보다는 그와 경쟁하라. 이 세상에는 명예에 대한 살아 있는 교과서라 부를 수 있는 위대한 인물들이 존재한다. 누구나가 자신의 직업에서 위대한 사람을 떠올린 후, 그를 모범으로 삼고 자극받도록 하라.

알렉산더 대왕은 땅에 묻힌 아킬레스 때문에 운 것이 아니라, 아직 제대로 세상에 알려지지 않은 아킬레스의 명성 때문에 울었다. 다른 이의 명성을 알리는 나팔소리보다 마음속의 공명심을 더 자극하는 것은 없다. 시기심을 버리는 것이야말로 당신의 마음을 고귀하게 만드는 것이다.

명예를 둘러싼 소송은
가급적 피해야 한다

생각이 광범위한 사람들은 언제나 양 극단의 일을 멀리 떨어뜨려 놓음으로써, 하나가 다른 하나를 찾아가려면 굉장히 머나먼 여정이 되도록 한다. 그러면서도 현명한 자들은 극단의 일을 언제나 머릿속에서 놓지 않아 쉽게 떨어져나가지 않도록 한다.

행운을 피하는 것보다는 극단의 일을 모면하는 것이 더 쉽다. 이렇게 하는 것이야말로 현명한 시도이며, 극단의 일을 물리치는 것보다 그러한 일에서 도망치는 것이 더 안전하다.

명예와 관련된 소송은 또 다른 더 나쁜 소송을 야기한다. 이때 명예는 아주 쉽게 상처 입을 수 있다. 그러므로 명예를 둘러싼 소송은 가급적 피해야 한다.

자기 자신의 성격 때문에, 또는 그가 속한 국민의 성격 때문에 쉽게 명예훼손 소송을 걸고 또 받아들여 이런 일에 휘말리는 사람들이 있다. 그에 반해 이성의 빛 속에서 거니는 자는 이런 일에 대해 더 오래 생각한다. 그는 이기는 것보다는 그 일에 연루되지 않는 것을 더 큰 용기라 생각한다.

나서기 잘하는 바보는 언제나 있기 마련이다. 하지만 현명한 자는 나 아닌 다른 사람이 되고 싶지 않다는 변명으로 그런 일을 피한다.

지위가 높을수록
열정의 영향을 적게 받아야 한다

열정 없이 바라보라. 그것은 정신적 수준이 최고 경지에 이른 사람들의 특징이다. 이러한 우월함은 속된 외부의 속박에서 그들을 자유롭게 해준다.

자신과 자신의 열정을 다스리는 것보다 더 뛰어난 지배는 없다. 그것은 자유 의지의 승리를 의미한다. 언젠가 열정에 압도당하게 된다 해도 자신의 일까지 지배받아서는 안 된다.

지위가 높을수록 열정의 영향을 적게 받아야 한다. 이는 불쾌함을 피하고 가장 빨리 명망을 얻을 수 있는 고상한 방법이다.

죽어라 힘을 쏟고
땀만 흘리다 끝나는 일은 최악이다

공정함이 중요한 일은 처리하기 쉽고, 노련함이 요구되는 일은 다루기 어렵다. 공정함이 중요한 일은 법적인 성격의 일이 전부지만, 노련함이 중요한 일은 주의력과 열정만으로는 충분하지 않다.

사람들을 통치한다는 것은 힘든 일이다. 특히 그 사람들이 바보거나 어리석은 자일 경우에는 더욱 그러하다. 분별력이 없는 자를 다스리는 데에는 곱절의 분별력이 필요하다. 그러나 가장 견딜 수 없는 것은 바로 제한된 시간과 정해진 재료를 가지고 모든 능력을 다해야 하는 일이다.

다양한 진지함을 쏟아 부을 수 있어 아무런 권태도 유발하지 않는 일이 좋다. 변화는 당신을 즐겁게 해주기 때문이다. 종속됨이 없거나 작은 일이야말로 최고의 명망을 누린다. 반대로 죽어라 힘을 쏟고 땀만 흘리다 끝나는 일은 최악이다.

당신의 능력을
헤아릴 수 없게 하라

지혜로운 자는 모든 이의 존경을 받고자 할 때, 자신의 지식과 능력을 바닥까지 전부 다 헤아릴 수는 없게 한다. 지혜로운 자는 사람들이 자신을 알게는 하지만 자신을 헤아릴 수는 없게 하는 것이다.

그 누구도 당신의 능력의 한계를 알아내서는 안 된다. 실망할 위험이 명백하게 있기 때문이다.

누군가가 온전히 당신의 근본까지 닿을 수 있는 기회를 절대로 주지 마라. 재능의 범위가 어느 정도인지 정확히 아는 것보다는 그에 대한 추측과 의혹을 갖게 하는 것이 더 커다란 경외심을 불러일으킨다.

단 한 번의 시험으로
위신이 좌우되게 하지 마라

당신의 위신이 단 한 번의 시험으로 좌우되게 하지 마라. 그것이 실패하면, 이때의 손상은 그 무엇으로도 보상될 수 없다.

한 번은 실패할 수도 있다. 특히 처음인 경우에는 더욱 그렇다. 시간과 기회가 당신에게 항상 유리한 것은 아니다. 그래서 운 좋은 날이라는 말도 있는 것이다.

두 번째 시도는 처음의 시도를 교훈으로 삼아 이루어져야 한다. 성공하든 실패하든, 첫 번째 시도는 두 번째에 이루어지는 명예 회복의 발판이 되어야 한다.

우리는 언제나 더 나은 것을 위한 피난처를 마련해야 하고, 더 많은 것을 참조할 수 있어야 한다. 일은 수많은 우연에 좌우되기에, 행복한 결말은 그만큼 드물 수밖에 없는 것이다.

당신이 가장 자주 저지르는
실수를 파악해야 한다

아주 완벽한 사람에게도 결점은 반드시 있다. 그 결함들은 대체로 그와 결혼했거나 남모르는 연인 관계에 있다. 종종 그런 결함은 정신적인 부분에서 찾아볼 수 있는데, 정신이 위대할수록 그 결함도 크고 그만큼 더 눈에 띈다.

결함을 지닌 자가 결함인지 알지 못하고 오히려 그것을 좋아하는 것은 이중 재앙이다. 열정이 끌리는 성향이며 오류인 것이다. 그것은 완전성을 해치는 오점이며, 자신의 마음에 드는 만큼 다른 이에게는 역겨운 것이다.

자신의 다른 장점들까지 그 오점에 물들지 않게 하려면 대담한 자기극복이 필요하다. 왜냐하면 그의 다른 좋은 점들에 대해 경탄하고 찬사를 보냈던 이들도 그의 오점을 접하게 되면 이를 비난하고 다른 재능까지 모욕하기 때문이다.

명망이 높은 사람이라도
잘못이 있으면 인정하라

흠잡을 데 없는 자는 악덕이 아무리 금과 비단으로 치장하고 있어도 그것을 알아본다. 악덕은 때로 왕관을 쓰고 있지만 그렇다고 해서 비난받을 일이 적지는 않다. 비굴함을 잃지 않는 노예근성을 가진 자는 지배자의 권위를 미화하려고 한다.

악덕은 높이 올라설 수 있지만 그렇다고 고귀한 것은 아니다. 많은 이들은 위대한 사람들에게도 이런저런 잘못이 있음을 알고 있다. 그러나 그런 잘못 때문이 그들이 위대한 사람인 것은 아니라는 점은 보지 못한다.

고위 관직은 우리에게 추한 일을 하도록 구슬리고, 때로는 그 추한 얼굴을 아첨으로 가리도록 하는 설득력을 가지고 있다. 그러나 위대한 자의 결함은 눈에 띄지 않지만 하찮은 자의 결함은 결국 멸시받는다는 것을 명심하라.

자신에게 부족한 능력이
무엇인지 알아야 한다

단 한 가지만 충족되면 온전할 사람들이 많다. 그러나 그 한 가지가 없어서 그들은 절대로 완전함의 정상에 다다르지 못한다.

어떤 이들은 사소한 점만 개선하면 많은 것을 해낼 수 있다. 가령 어떤 이들에겐 진지함이 부족하다. 그래서 커다란 능력을 제대로 발휘하지 못한다. 또 어떤 이들에게는 가까운 주변 사람들을 아쉬워하게 만드는 친절함이 부족하다. 어떤 이들은 실천력이 미미하고, 또 어떤 이들은 자제력이 없다.

이런 모든 결점들은 자기 자신을 파악하기만 하면 쉽게 고쳐질 수 있다. 주의력만 가진다면, 선천적인 것에서 제2의 천성을 만들어낼 수 있기 때문이다.

속임수를 쓴다는 평을
들어서는 안 된다

비록 오늘날 속임수가 횡행한다 할지라도, 신중함은 지니되 교활함은 버려라. 행동이 솔직한 자는 모든 이에게 호감을 준다. 비록 그 모든 이는 솔직하지 못할지라도. 그러나 정직함이 단순함으로, 영리함이 간사함으로 되지는 않게 하라. 간사함으로 인해 두려움을 사기보다는 지혜로운 자라는 존경을 받아라.

마음이 솔직한 자는 사랑받지만 속기도 쉽다. 사기로 간주되기 쉬운 일을 감출 줄 아는 것도 중요한 지혜다. 황금의 시대에선 솔직함이 일상사였지만, 지금의 이 쇳덩이 같은 시대에는 악의가 횡행한다.

사람답다는 것, 그래서 자신이 해야 할 일이 무엇인지를 알고 있다는 평판은 명예로운 것이고 신뢰를 얻도록 만든다. 그러나 속임수를 쓰는 사람이라는 평판은 위험한 것이고, 결국 불신을 야기한다.

다른 이가 갖지 못한
그 무엇을 이용하라

자신에게 없는 것은 그것을 갖고자 하는 소망을 낳고, 이로써 그 소망하는 자를 마음대로 움직이게 하는 매우 효과적인 수단이 된다.

철학자들은 그런 결핍이나 그에 대한 탐욕이 아무것도 아니라고 말했다. 그러나 정치가들은 그것이 전부라고 말한다. 정치가야말로 상황을 가장 잘 이해하고 있는 것이다.

많은 이들이 자신의 목적 달성을 위해 다른 이의 소망을 이용할 줄 안다. 그들은 주어진 기회를 활용해 소망의 충족이 어려운 척 연기하고 그렇게 함으로써 탐욕을 자극한다.

그들은 가진 자의 배부름보다는 동경하는 자의 열정을 이용해 더 많은 것을 약속한다. 장애물이 많을수록 소망은 더 열렬해지기 때문이다. 목적을 달성하기 위해 종속된 자들을 거느리고 있을 줄 아는 것은 대단한 기술이다.

당신의 모든 능력을
단 한 번에 사용하지 마라

언제나 기대감을 길들일 줄 알아야 한다. 많은 것은 더 많은 것을
약속하고, 빛나는 행위는 더 빛나는 행위를 예고한다.

　당신의 모든 능력을 단 한 번에 사용해서는 안 된다. 힘과 지식
을 사용하면서 그것을 절제할 줄 아는 것은 위대한 예술 행위다.
그로 인해 당신은 더욱더 많은 기대감을 충족시킬 수 있을 것이다.

당신에 대한 과도한 기대를
가지게 하지 마라

유명해진 사람들의 불행은 흔히 사람들이 품는 지나친 상상에 부응하지 못할 때 초래된다. 실제의 것은 절대 상상한 것에 미치지 못한다. 완전한 것을 생각하기는 쉽지만 실현하기는 매우 어렵기 때문이다.

상상력은 소망과 결부되어 있기 때문에 실제 있는 그대로의 모습보다 늘 더 큰 것을 상상하게 된다. 아무리 탁월한 것이라고 해도 머릿속으로 그려낸 그림을 충족시키기에는 부족할 수밖에 없다. 그리고 부푼 기대에 사로잡혀 있다가 실망하게 되기에, 이들은 경탄하기보다는 잘못을 물고 늘어진다.

희망은 어마어마한 진실의 날조자다. 지혜는 희망을 나무람으로써, 차후의 즐거움이 기대를 능가하도록 해준다.

사람들 앞에 나설 때에는 자신이 뜻한 바를 어느 정도 감추라. 그러면 결과에 대해 비난받지 않을 정도의 주목을 끌 수 있다. 실제의 결과가 기대를 넘어서서 사람들이 생각했던 것 이상이라면 더욱 좋다.

그러나 이러한 규칙은 나쁜 일에서는 역으로 적용된다. 나쁜 일이 도를 넘어서면 사람들은 그것이 잘못되는 것을 보고 싶어 하며, 그렇게 되면 처음에는 매우 혐오스럽고 두려웠던 것이 나중에는 견딜 만한 것으로 비쳐진다.

기술의 마지막 미세한 핵심은
늘 움켜쥐고 있어라

위대한 거장들의 계명(덕이 높은 천자나 고승의 지위나 뜻을 이음_옮긴이)은 그들이 남들에게 가르치는 지혜에도 있지만, 그 지혜를 이용하는 방법에도 존재한다. 당신은 항상 남보다 뛰어난 거장으로 남아 있어야 한다. 기술을 전수할 때에도 기술을 부려야 하되, 가르침과 베풂의 원천을 고갈시켜서는 안 된다.

기술의 마지막 미세한 핵심은 늘 움켜쥐고 있어야 한다. 그래야 명망을 지키고 당신에 대한 다른 이들의 의존성을 유지할 수 있다.

남의 호의를 얻고 가르침을 줄 때에도, 남들로 하여금 늘 경탄을 느끼게 하고 자신의 완전성을 계속해서 유지하라는 이 위대한 규칙을 지켜야 한다. 모든 것에 대해 여유를 가지는 것은 승리해 더 높은 지위에 이르기 위한 중요한 규칙이다.

당신의 명예를
남에게 맡기지 마라

담보를 받지 않고서는 당신의 명예를 결코 남에게 맡기지 마라. 그래서 쌍방의 이익에 대해서는 침묵하고 손해는 알릴 수 있도록 하라.

명예에 관한 문제에서는 거래가 늘 공정해야 하니, 쌍방이 똑같이 상대방의 명예를 책임져야 한다. 절대로 당신의 명예를 남의 손에 맡기지 마라.

그럼에도 불구하고 그런 일이 일어난다면, 거기에 간계가 숨어 있지 않은지를 살펴라. 위험을 똑같이 나누어 일이 잘못됐을 때, 상대가 당신에게 불리한 증언을 하지 않게 하라.

백 번 적중시키기보다는
한 번 실수하지 않도록 하라

빛나는 태양은 아무도 보지 못하지만 저무는 해는 누구라도 볼 수 있다. 세상의 저열한 비난은 당신이 성공한 '수많은' 일이 아니라 당신이 실패한 '한 가지' 일로 향한다.

좋은 일에 대한 찬사보다는 나쁜 일에 대한 험담이 더 멀리 가는 법이다. 죽을 때까지도 세상의 이치를 깨닫지 못한 사람들이 많다. 한 사람이 평생 이룬 업적도 단 하나의 작은 오점을 지우기에는 충분치 않다.

그러니 오점을 피하도록 하라. 그리고 잘 처리해내지 못한 모든 것을 악의적인 모든 이들의 눈에 띄지 않도록 하라. 잘 처리해낸 것이라고 해서 그걸 전부 그들에게 보이도록 해서도 안 된다.

절대로 남에게
하소연하지 마라

하소연은 언제나 우리의 명망을 해친다. 동정에서 위안을 구하기보다는 다른 이의 열정에 자신의 대담함을 심어주는 것이 더 낫다. 당신의 하소연을 들어주는 자가 평탄한 길을 만들어주게 되면, 그길의 첫 번째 손님은 모욕이고 두 번째 손님은 변명일 것이기 때문이다.

어떤 이들은 부당한 처우를 한탄함으로써 새로운 부당함을 유발하고, 도움과 위안을 구하려다 남모를 즐거움과 경멸까지 불러일으킨다. 한 사람에게서 얻은 호의를 다른 사람에게 자랑해 그에게도 유사한 감정을 갖게 하는 것이 더 현명하다.

그러므로 사려 깊은 자는 자신이 당한 부당함이나 자신의 실수를 절대 알리지 않는다. 자신이 누리는 존경에 대해서도 마찬가지다. 그로써 그는 친구들은 놓치지 않고 적들은 울타리 안에 가둔다.

이해될 수 없는 사람이
명망을 얻는다

대부분의 사람들은 자신들이 이해하는 것은 하찮게 여기면서 자신들이 파악할 수 없는 것은 공경한다. 공이 많이 들어간 것은 높은 평가를 받는다. 그렇기에 이해될 수 없는 사람이 명망을 얻는다.

언제나 실제보다 더 현명하고 똑똑해 보여야 존경을 얻을 수 있다. 그러나 과장은 버리고 적정선을 지켜라. 통찰력 있는 사람에게는 생각과 분별력이 가장 중요하지만, 대부분의 사람들에게는 약간의 치장이 필요한 것이다. 충분한 지성을 갖춘 것으로 보이면, 꼭 비난받지 않아도 된다.

많은 사람들은 어떤 것을 칭찬할 때 그 근거를 대지 못한다. 어찌된 일일까? 그들은 깊이 숨겨진 모든 것을 신비로운 것으로 찬양하는 것이다. 왜냐하면 남들도 그것을 찬양하기 때문이다.

성심껏 좋은 일을 행하고, 좋은 말을 하라

일반인들의 존경을 받는 것은 대단한 일이다. 그러나 일반인들의 사랑을 받는 것은 더욱 대단한 일이다. 그것은 어느 정도는 자연의 은총에 달려 있지만, 그보다는 노력이 더 많이 좌우한다.

일단 사람들에게 호평을 얻고 나면, 호의까지 얻는 건 쉽다. 그래서 별다른 선행을 하지 않아도 선의로 비춰진다. 그러니 성심껏 좋은 일을 행하고, 좋은 말을 하고, 그런 후에 더욱 더 좋은 일을 하라. 사랑받기 위해서 사랑하라.

정중함은 위인들이 지닌 최대의 정치적 마력이다. 당신의 손으로 먼저 일을 행하고, 그런 다음에 펜을 염두에 두라. 어떤 작가가 당신에게 호감을 가질지 모른다. 그리고 그가 남기는 글은 영원히 기록으로 남는다.

매사에 언제나
여분을 지녀야 한다

매사에 언제나 여분을 지녀라. 그래야 당신의 탁월함을 지킬 수 있다. 당신의 모든 능력과 힘을 한꺼번에 모든 일에 소모하지 마라.

나쁜 결과에 이를 위험이 있을 때 빠져나갈 수 있는 도피처는 언제나 갖고 있어야 한다. 구원병은 공격보다 더 도움이 된다. 구원병은 당신의 가치와 명망을 더욱 높여주기 때문이다.

현명한 자는 언제나 안전하게 일에 접근하며, 헤시오도스(고대 그리스의 서사시인_옮긴이)의 그 신랄한 역설이 이러한 신중함에도 적용된다. "절반은 전부보다 더 많다."

좋은 일은 직접 하고,
나쁜 일은 남에게 시켜라

유리한 일은 직접 행함으로써 총애를 얻고 후자를 통해 악의를 피할 수 있다. 위대한 자가 좋은 일을 행하면 좋은 것을 받을 때보다 더 큰 즐거움을 느낀다. 그것은 그의 아량이 느끼는 행복이다.

남에게 쉽게 고통을 야기하지 마라. 동정심 때문이든 아니면 앙갚음으로 인해서든 당신 자신이 고통을 겪게 될 것이다. 윗자리에 있는 사람은 보답이나 징벌을 통해서만 영향을 줄 수 있다. 이때 좋은 일은 직접 행하고, 나쁜 일은 남을 통해서 실시하라.

증오와 비방이라는 불만의 매질을 대신 맞아줄 사람을 갖고 있어야 한다. 군중의 분노는 개의 분노와 같기 때문이다. 그들은 고통의 원인을 오인해 당신이 사용하는 도구에 반기를 든다. 그 도구가 된 사람이 책임도 없으면서 직접 나섰다는 이유로 희생을 당하는 법이다.

앞사람을 능가할 확신이
설 때에만 덤벼들어라

큰 간격을 메워야 하는 일에는 덤벼들지 마라. 앞사람을 능가할 확신이 설 때에만 덤벼들어라. 그에게 버금가려면 당신의 가치가 곱절이 되어야 한다.

뒷사람이 우리를 동경하게 하는 것이 좋은 일이듯, 앞사람이 우리보다 앞서가지 못하게 하는 것도 현명한 일이다. 그러나 큰 간격을 메우기는 어렵다. 지나간 것이 언제나 더 좋아 보이기 때문이다. 그렇기에 앞사람과 어깨를 나란히 하기는 쉬운 일이 아니다. 그는 이미 기득권을 가지고 있기 때문이다.

존경과 명예를 얻기 위해
달려들지 마라

화려하게 빛나는 지위나 위엄은 개인적인 성격보다 다른 이의 감정을 더 상하게 한다. 자기과시는 미움을 산다. 시기심을 유발하지 마라. 남의 존경은 바랄수록 작아진다. 존경은 타인의 생각에 달렸기 때문이다. 그렇기에 존경은 취할 수 있는 것이 아니라 기다려서 얻어야만 하는 것이다.

높은 지위에는 그에 걸맞은 명망이 요구되며, 명망 없이는 그 지위를 위엄 있게 행사할 수 없다. 그러므로 자신의 의무를 이행할 수 있으려면 필요한 명예를 얻어내라. 명예를 얻기 위해 달려들지 말고, 다른 이의 존경심이 무르익도록 만들어라.

자신의 지위를 내세우고자 한다면, 겉으로 드러낸 모습을 과시하기보다는 뛰어난 재능을 보여주라. 제왕이 존경받는 것은 외적인 통치권 때문이 아니라 그의 개인적인 성격 때문이다.

5장

말 내공을
키워주는
인생 수업

그 어떤 경우에도
절대로 과장하지 마라

최상급의 표현을 사용해 말하지 않는 것은 우리가 명심해야 할 한 원칙이다. 진실에 너무 근접하지 않기 위해서도 그렇고, 우리의 이성을 지키기 위해서도 그렇다. 과장은 존중의 낭비이며, 우리의 지식과 감식력을 제한시키는 결과를 초래한다.

칭찬은 강렬한 호기심을 일깨우고 욕망을 자극하지만, 으레 그렇듯 나중에는 그 가치와 대가를 서로 어긋나게 한다. 기만당한 기대는 그 허위를 적으로 삼으며, 찬양한 자와 찬양받은 자 모두를 하찮게 여겨 복수를 행한다. 그렇기에 현명한 사람은 늘 공적에서 한 걸음 물러나며, 지나치기보다는 부족하기를 더 바란다.

그러니 칭찬은 정도껏 하라. 과장은 거짓말과 절친하다. 과장으로 인해 사람들은 건전한 감식력을 지니고 있다는 명성을 잃게 되고, 나아가 그보다 더 중요한 분별력까지 상실하게 된다.

말이 적을수록
다툼도 적어진다

이야기할 때는 주의하라. 경쟁자와 함께 있을 때는 조심하기 위해, 다른 이와 함께 있을 때는 위신을 지키기 위해 말에 조심해야 한다. 말을 내뱉기 전에는 언제나 시간이 있지만, 이미 내뱉은 말은 다시 주워 담을 수 없다.

  말을 할 때는 유언을 하듯 하라. 말이 적을수록 다툼도 적어진다. 하찮은 것은 중요한 것처럼 말하는 연습을 하라. 비밀스러운 것은 신의 색채를 띤다. 말할 때 경솔한 사람은 곧 다른 이에게 압도당하거나 추월당할 것이다.

불필요한 변명은
가급적 하지 마라

변명이 필요할 때에도 필요한 것 이상으로는 하지 마라. 변명한다는 것은 자책한다는 것이다. 그리고 온전히 건강한 데도 스스로에게 사혈법(병을 치료하기 위해 정맥에서 피를 뽑아내는 법_옮긴이)을 쓴다는 것은 악함과 사악함을 향해 오라고 눈짓하는 것이나 마찬가지다.

스스로 알아서 변명하는 것은 잠자고 있던 불신을 일깨운다. 현명한 자라면 다른 사람이 의심하고 있음을 알아채지 못한 척한다. 이는 불쾌한 일을 애써 구하는 것이나 다름없는 것이기 때문이다. 그보다는 자신의 행위가 정직함을 보여 그러한 의심을 불식시켜라.

소수처럼 생각하고
다수처럼 말하라

흐름을 거슬러 헤엄치려는 것으로는 절대 오류를 없앨 수 없다. 다만 위험에 빠지게 할 가능성은 상당히 높다. 소크라테스(고대 그리스의 대표적인 철학자_옮긴이) 같은 사람만이 그런 일을 감행할 수 있었다.

타인의 의견과 생각을 달리한다는 것은 상대에게 모욕으로 간주된다. 왜냐하면 그것은 상대의 판단을 저주하는 것으로 보이기 때문이다. 한편으로는 질책당하는 대상 때문에, 다른 한편으로는 그 대상을 찬양하는 사람들 때문에 불쾌하고 성가신 일들이 곧 늘어날 것이다.

진리는 소수를 위한 것이며, 허위는 비속한 만큼 널리 퍼져 있다. 사람들은 장터에서 떠드는 자를 현자로 받들지는 않을 것이다. 그곳에서 그는 비록 그 자신은 내심 그것을 부정한다 하더라도 자신의 목소리를 말하는 것이 아니라 일반인의 우둔함을 대변하고 있는 것이다.

지혜로운 자는 다른 사람을 쉽게 반박하지 않듯, 자신이 반박 당하는 일도 피한다. 그는 질책의 마음을 가지고 있더라도 이를 쉽게 표현하지는 않는다.

생각은 자유다. 생각은 강요될 수 없으며 강요되어서도 안 된다. 그러므로 지혜로운 자는 침묵의 성전에 칩거한다. 그리고 이따금 소수의 분별 있는 사람들에게만 자신의 뜻을 드러낸다.

언제나 농담만
일삼아서는 안 된다

사람의 지성은 진지함을 통해 표출되며, 그렇기에 진지함은 재치보다 더 많은 영예를 가져온다. 언제나 농담만 지껄이는 사람은 진지한 일에 적합하지 못하다. 그는 거짓말쟁이와 같은 취급을 받는다.

거짓말만 해대는 자와 농담만 해대는 자가 있으면, 사람들은 둘 다 믿지 않는다. 분별없는 말을 너무 많이 하면 진지하게 말할 때도 사람들은 그것을 알지 못한다.

늘 익살꾼의 역할을 하는 것보다 더 나쁜 것은 없다. 많은 이들은 신중한 사람이라는 믿음을 희생시키면서까지 재치 있는 사람이라는 평판을 듣곤 한다. 짧은 순간은 농담을 해도 좋지만, 대부분의 시간은 진지함으로 돌려라.

절대로 자기 자신에 대해
이야기하지 마라

자신에 대한 이야기는 자화자찬이거나 자학 둘 중 하나다. 전자는 허영을, 후자는 소심함을 보여준다. 그것은 말하는 자를 어리석음에 빠뜨리고, 듣는 자를 고통에 내맡긴다. 이는 일상적 교제에서도 피해야 하지만 높은 직책에 있는 사람들과의 회합에서는 더욱 금해야 할 일이다.

분별없음을 조금만 내비쳐도 사람들은 그를 어리석은 자로 여긴다. 아첨이나 비난, 두 암초 중 하나에 부딪칠 위험은 상존하는 것이기에 현명한 자도 다른 사람 앞에서 이야기할 때 똑같은 잘못을 범할 수 있다.

남을 칭찬하는 말을
최대한 많이 하라

남을 칭찬하는 말을 많이 하라. 그러면 과거에도 탁월함을 볼 줄 알았기에 지금도 알아본다는 평가가 내려지면서, 당신의 감식력에 대한 호평이 증가할 것이다. 예전에도 완전함을 존중할 줄 알았던 자는 나중에도 옳은 일을 하게 되어 있기 때문이다. 게다가 이야깃거리, 따라할 거리를 제공함으로써 칭찬할 만한 내용을 전파하는 것도 된다. 이는 눈앞에 보이는 완전함에 대해 정중함을 가지도록 매우 섬세하게 조장하는 것이다.

그러나 정반대의 사람들도 있다. 그들은 언제나 험담만을 일삼으며 없는 자를 폄하하는 것으로 지금 눈앞에 있는 자의 비위를 맞춘다. 이것은 이런 일의 간교함을 알지 못하는 사람들과 비방을 일삼는 사람에게나 즐거운 일일 뿐이다.

어제의 탁월한 공적보다 오늘의 평범함을 더 높이 평가하는 정치가도 많다. 그러나 신중한 자는 이 모든 교활함을 꿰뚫어보고, 과장된 이야기에 용기를 잃지 않으며, 아첨하는 말에 가슴을 부풀지도 않는다. 신중한 자는 여기에서는 이렇게 행동하고, 저기에서는 저렇게 행동하면서 그때그때 의견을 달리하며 부단히 새로운 장소를 찾아다니는 자들을 통찰해낸다.

부단히 진실을 말하고,
진실을 다룰 줄 알아야 한다

진실이란 위험한 것이다. 그러나 올바른 자는 부단히 진실만을 말한다. 여기에도 기술은 필요하다.

영혼을 다루는 노련한 의사는 진실을 달콤하게 만드는 방법을 생각해냈다. 진실의 쓰디쓴 핵심의 맛을 느끼지 못하도록 달콤한 옷, 당의를 입히는 것이다. 이 훌륭한 기교가 바로 노련함이다. 이 기교만 있으면 같은 진실을 가지고서도 어떤 사람은 그것을 좋아하게 할 수도, 어떤 사람은 그것을 바닥에 내던져 버리게도 할 수 있다.

지난 일을 보고 현재의 일을 다루도록 하라. 진실을 이해할 줄 아는 사람에게는 눈짓 하나로도 충분하다. 그러나 무엇을 해도 충분치 않다면 침묵만이 들어설 뿐이다. 군주는 쓰디쓴 약으로 치료해서는 안 된다. 실망을 황금으로 만드는 것이 바로 기술이다.

반박할 줄도 알고,
의심하는 척도 해야 한다

반박하는 것, 이는 염탐하기 위한 중요한 술책이다. 이때 자신은 드러내지 않고 상대방이 말려들게 해야 한다. 가장 효과적으로 상대를 조종하는 수단은 상대의 격정, 즉 강렬하고 갑작스러워 누르기 어려운 감정을 움직이게 하는 것이다. 이것이 바로 상대가 믿고 있는 우유부단한 생각을 풀어내는 진정한 방법이다.

상대의 닫혀 있는 가슴을 여는 이 열쇠에 섬세한 능력과 의지, 이성을 더하라. 다른 이가 흘리는 뜻 모를 말을 대수롭지 않게 듣는 척하면서 그 숨겨진 비밀을 파헤쳐라. 한 입 깨물 때마다 단물을 내어 상대의 혀에 스미게 하고, 의도된 속임수의 그물에 빠지게 하라.

신중한 자의 주저하는 태도는 상대의 주의를 혼란시키고, 때로는 밝혀지지 않을 상대의 의도를 드러나게 한다. 의심하는 척해 상대를 자극하는 것도 원하는 것을 캐낼 수 있는 섬세한 기술이다.

대화에서는 달변보다
사려 깊은 분별력이 더 중요하다

한 사람의 온전한 면모가 드러나는 것은 바로 대화할 때다. 인생에서 이보다 더 주의해야 할 일은 없다. 왜냐하면 대화는 가장 일상적인 일이기에, 그로 인해 돋보이기도 하고 몰락하기도 하기 때문이다.

신중을 기한 끝에 나오는 문서상의 대화이기에 편지를 쓸 때에 주의가 요구된다. 하지만 준비 없이 기지만으로 시험에 통과해야 하는 일상의 대화에서는 더 큰 주의가 요구된다.

경험 많은 자는 다른 이의 혀에서 영혼의 혈맥을 찾아낸다. 그래서 현자 소크라테스는 이렇게 말했다. "말하라, 그러면 내가 너를 볼지니!"

어떤 이들은 아무런 기술이 없는 것이 바로 대화의 기술이라고 여긴다. 대화는 옷처럼 느슨하고 편안하면 된다는 것이다. 친한 친

246

구들 사이의 대화라면 그럴 수도 있다. 그러나 중요한 사람들과의 대화는 자신이 말하려는 내용이 분명히 드러나도록 보다 명확해야 한다. 그러기 위해서는 상대방의 기분이나 분별력에 자신을 맞추어야 한다.

상대방의 말을 비판하려는 척 가장해서도 안 된다. 그렇게 되면 모든 이가 당신과의 만남에서 몸을 뺄 것이며, 그 대화는 더욱 비싸질 것이다. 대화에서는 달변보다 사려 깊은 분별이 더 중요하다.

표현의 기술을
반드시 터득하라

표현의 기술은 단순히 이야기의 명확함만이 아니라 생생함에도 적용된다. 이야기를 듣는 이에게 듣는 즐거움을 선사해주는 사람들이 있다. 그러나 거기에는 산고가 필요하다. 명확성이 없이는 정신의 산물인 생각과 결의가 제대로 세상 밖으로 나올 수 없다.

어떤 사람들은 이해력의 그릇에 많은 것을 담아놓고도 적은 것밖에 내놓지 못한다. 어떤 사람들은 자기가 생각한 것보다 더 많은 말을 한다. 의지가 결정한 것을 지성은 표현한다. 두 가지 다 큰 장점이 있다. 명확한 표현을 할 수 있는 두뇌는 찬사를 받는다. 그리고 가끔은 혼란스런 두뇌도 존경을 받는다. 그건 아무도 그의 말을 이해하지 못하기 때문이다. 그러므로 평범한 것을 피하려면 때로는 모호함을 유지하는 것도 좋다. 자기가 하는 말 속에 아무 생각도 들어 있지 않다면 듣는 자가 어떻게 이해할 수 있겠는가?

험담꾼이 되지 말고, 험담꾼으로 간주되지도 마라

험담꾼이 되어서는 안 된다. 그렇게 간주되어서는 더욱 안 된다. 그건 '남의 명예를 더럽히는 자'라는 평판을 얻는 것과 마찬가지이기 때문이다. 다른 사람을 희생시키면 미움보다 더 못한 것을 얻게 되는 것이다. 모두가 그 험담꾼에 대해서 역시나 좋지 않은 이야기를 함으로써 보복을 하게 되어 있다. 게다가 그렇게 복수하려는 자는 많지만, 험담꾼은 오롯이 혼자다. 그래서 그는 다른 사람들을 이길 수 없다.

나쁜 일이 기쁨이 되어서는 안 되니, 나쁜 일을 입에 올리지도 마라. 험담꾼은 영원히 미움을 받는다. 험담꾼은 자신의 지혜를 높이 평가함으로써 스스로 조롱거리가 된다. 나쁜 것을 말하는 자 또한 언제나 더 나쁜 소리를 듣게 되어 있다.

적절한 농담 한마디가
성가신 일에서 벗어나게 해준다

적당히 절제할 수 있다면 이는 재능이지 결점이 아니다. 약간의 경쾌함은 모든 것의 양념이 된다. 위대한 사람들도 때로는 농담을 하며, 그로 인해 더욱 모든 이에게 사랑받는다. 그러나 그럴 때도 그들은 지혜와 품위에 대한 존중은 잃지 않는다.

어떤 이들은 농담 한마디로 성가신 일에서 아주 간단하게 벗어난다. 세상에는 농담으로 받아넘길 일도 있고, 때로는 다른 이가 가장 진지하게 생각했던 바로 그것이 농담이기도 하기 때문이다. 그렇게 드러내 보이는 온화함은 다른 이들의 마음을 끄는 자석이 된다.

재치 있는 언변을 비축해서
적절한 시기에 사용하라

사려 깊은 사람들은 우아하고 품위 있는 다독으로 무장되어 있으며, 시대를 풍미하는 모든 것에 대해 교양 있는 방식으로 적절한 지식을 갖고 있다. 그들은 재치 있는 언변과 고상한 행동을 현명하게 비축해두었다가 적절한 시기에 사용할 줄 안다.

좋은 충고는 진지하기 그지없는 가르침보다 재치 있는 말 한마디로 더 잘 전달된다. 그리고 대학의 학문이 자유정신에 근거하고 있다 할지라도, 대학의 어려운 학문보다 알기 쉬운 교훈이 많은 이들에게 더 크게 도움이 된다.

농담을 받아들이되
당신이 직접 하지는 마라

농담을 받아들이되 당신이 직접 하지는 마라. 전자는 일종의 예절이지만 후자는 갈등을 야기할 수 있다.

적절한 농담은 흥겨움을 준다. 이를 받아들일 줄 아는 것은 당신에게 머리가 있음을 보여주는 것이다. 농담에 흥분하는 사람은 다른 사람도 흥분하게 만든다. 그러므로 가장 좋은 것은 농담을 받아들이지 않는 것이며, 가장 안전한 것은 아예 농담을 알아차리지 못하는 것이다.

심각한 일은 언제나 농담에서 시작된다. 농담을 하기에 앞서 상대방이 어떤 기분이며, 농담을 받아들일 수 있는지를 먼저 파악해야 한다.

재능 있는 두뇌에 대한 보증이
바로 침묵이다

비밀이 없는 마음은 개봉된 편지와 같다. 바닥이 깊은 곳에는 비밀도 깊이 묻혀 있다. 바닥이 깊은 곳은 중요한 것들이 가라앉아 있을 수 있는 공간도 넓기 때문이다. 침묵은 강건한 자기억제에서 나오며, 이렇게 자신을 극복하는 것이야말로 진정한 승리다. 그토록 많은 이들이 스스로를 드러내고, 그토록 많은 이들이 본인들에게 이자를 붙일 수 있도록 만든다.

건전한 분별력은 절제된 내면의 목소리에 있다. 침묵이 맞서 싸워야 하는 위험은 바로 잘못된 곳으로 유혹하려는 상대의 각종 시도와 무언가를 몰아내려는 상대의 빈정거림이다. 신중한 자는 그 모든 것에 대해 폐쇄적인 태도를 취한다. 우리가 하려는 것을 꼭 말할 필요는 없다. 그리고 우리가 말하려는 것을 꼭 행할 필요도 없다.

정직하게 반대할 줄 아는
사람이 되어야 한다

분별력 있는 사람도 불가피하게 다른 이의 적이 될 수 있다. 그러나 보잘것없는 적이 되지는 마라. 아량 있는 자는 경쟁자와 싸울 때에도 찬사를 얻는다. 우월한 힘만으로 싸우지 말고 기지를 발휘해 승리를 거두자. 비열한 승리는 영예가 아니라 패배다.

정직한 사람은 절대 금지된 무기를 사용하지 않는다. 우정이 끝났다고 바로 증오를 품는 것도 금지된 무기를 사용하는 것이다. 이미 주어진 신뢰는 절대로 복수에 이용해서는 안 된다.

배신의 냄새를 풍기는 모든 것은 이름을 더럽힌다. 사려 깊은 사람에게서는 비열함의 흔적을 찾아볼 수 없다. 고귀한 정신과 극악무도함은 서로 멀리 떨어져 있어야 한다. 아량, 관대, 충정이 세상에서 사라졌다고 하더라도 그것을 우리 가슴속에서 다시 찾아낼 수 있다면 그것은 영예로운 일이다.

욕설이 들어오거든
이를 찬사로 바꾸라

모욕에 대해서는 복수하는 것보다 피하는 것이 더 현명하다. 경쟁자가 될 만한 사람에게서 신뢰를 이끌어내거나 공격하려는 자에게서 명예의 보호 장구를 받아낸다는 것은 대단한 수완이다. 그런 자들에게 호의를 베푼다면 큰 효과가 있을 것이다. 시간이 흐르면 욕설이 줄어들고 감사의 말이 흘러나올 것이기 때문이다.

잘 살 줄 안다는 것은 불쾌한 일을 유쾌한 일로 바꿀 줄 안다는 것이다. 악의에서도 신뢰 있는 교우관계를 만들어내라.

상대의 반박에
곧바로 반박하지 마라

당신에게 반박하는 사람에게 곧바로 반박하지 마라. 그 반박이 계략에서 비롯된 것인지 아니면 비루함에서 나온 것인지 먼저 구분해야 한다. 반박은 때로 고집이 아니라 술수일 때가 있다. 그러니 어떤 일은 연루되지 말고, 어떤 일은 망치지 않도록 조심하라.

염탐을 염탐하는 것보다 더 세심한 일은 없다. 영혼의 복제 열쇠에 대한 가장 좋은 책략은 조심성이라는 열쇠를 언제나 꽂아두는 것이다.

당신의 견해를
너무 내세우지 마라

누구나 자신의 이해관계에 따라 자신의 견해를 가지며, 그에 대한 충분한 근거를 갖고 있다고 생각한다. 대개의 경우 판단이란 그에 대한 자리를 내어주게 되어 있기 때문이다.

그러나 서로 반대되는 두 의견은 만나면 충돌하기 쉽고, 누구나 다 이성은 자기편이라고 믿는다. 이성은 언제나 거짓이 없어 절대로 이중의 얼굴을 하지 않는데도 말이다.

이런 어려운 경우에 현명한 자는 심사숙고해 일을 처리한다. 그러면 불신은 상대의 행동에 대한 자신의 판단을 스스로 바로잡는다. 현명한 자는 또한 상대의 편에 서서 상대방이 내세우는 근거를 생각해본다. 그러면 착각에 사로잡혀 상대를 비난하고 자신만을 옹호하지는 않게 된다.

상대방이 알아들을 수 있는
언어로 말하라

'어리석음을 이용하기', 아주 현명한 자는 가끔 이 카드를 내놓는다. 무지한 것처럼 보이는 사람에게 최고의 지식이 깃든 경우도 있다. 진짜 무지해서는 안 되지만 무지한 척 보일 필요가 있을 때도 있다. 어리석고 멍청한 사람들에게는 현명함을 보이는 것이 도움이 되지 않는다. 그러니 상대방이 알아들을 수 있는 언어로 말하라.

어리석음을 가장한 자가 어리석은 것이 아니라, 어리석음으로 인해 고통을 겪는 자가 진짜 어리석은 것이다. 가장되지 않고 솔직히 드러난 어리석음이 진짜 어리석음이다. 노련한 자는 어리석은 척할 수도 있기 때문이다. 남의 호의를 받을 수 있는 유일한 방법은 가장 단순한 동물의 가죽을 뒤집어쓰는 것이다.

화를 낼 때의 기술을
터득해야 한다

가능하다면 이성적으로 생각해 속된 노여움을 보이지 마라. 현명한
자에게 이는 어려운 일이 아닐 것이다. 분노에 빠져들면, 먼저 자신
이 화내고 있음을 인지하라. 그다음엔 곧바로 그것이 어떤 파급효
과를 가져올지 생각하라. 이제 분노가 어디까지 가야 하고, 어디에
서 멈춰야 하는지를 측정하라. 깊이 생각해 노여워할 때와 멈춰야
할 때를 구분하라. 적절한 시기에 멈출 수 있어야 한다. 움직일 때
가장 힘든 일은 멈추는 것이기 때문이다.

　어리석은 자들이 헤매고 있을 때 현명함을 유지하는 것은 분별
력이 있음을 보여주는 위대한 증거다. 과도한 열정이란 모두 이성
적인 본성에서 벗어나는 것이다. 열정을 다스리기 위해서는 언제나
신중함을 제어할 수 있는 고삐를 손에 쥐고 있어야 한다.

진실이 귀로 들리는 경우는
매우 드물다

우리의 귀는 진실의 곁문이자 거짓의 대문이다. 진실은 대부분 눈으로 보이며, 귀에 들리는 경우는 극히 드물다. 진실이 왜곡되지 않고 순수하게 우리에게 다다르는 경우는 적다. 오는 길이 멀어지면 더욱 그렇다.

진실은 우리에게 다가오는 동안 언제나 감정의 혼합물과 섞인다. 열정은 손에 닿는 모든 것을 자신의 색으로 칠한다. 어떤 때는 호의적인 색으로, 어떤 때는 비호의적인 색으로. 그 색은 항상 어떤 인상을 일깨운다. 그러므로 칭찬하는 자에겐 조심스레 귀를 기울이고, 질책하는 자에겐 더욱 조심해 귀를 기울여라.

바로 이 점에서 우리의 모든 주의력이 요구된다. 그것은 전달하는 자의 의도를 밝혀내어 그가 몇 발자국 더 앞설지를 미리 알기 위함이다. 현명한 숙고는 과장과 허위의 탐지기라고 하지 않는가.

우리의 의지와 말도
우아해야 한다

무지는 매우 천하고 상스럽다. 그리고 지식보다 더 많은 것을 만들어내는 것은 없다. 그러나 우아함이 갖추어지지 않는다면 그 지식조차도 조잡하고 거칠다.

지식만 우아해야 하는 것이 아니라, 우리의 의지와 말도 그러해야 한다. 어떤 사람들은 생각과 말 그리고 몸을 가꿀 때 선천적인 우아함을 지니고 있다.

정신의 재능이 열매라면, 이들의 내적·외적 고상함은 나무껍질과 같다. 이와 반대로 너무도 거칠어서 자신의 모든 것, 다시 말해 간혹 가지고 있는 자신의 탁월함마저 참을 수 없는 야만성으로 바꾸어버리는 사람들도 있다.

자신의 이야기에
귀기울이지 마라

말하면서 동시에 경청하기란 어려운 일이다. 그리고 자기 자신하고만 이야기하는 자가 바보라면, 다른 이보다 자신의 이야기에 더 귀기울이는 자는 곱절의 바보다.

"내가 뭔가를 말한다"라는 저음의 소리를 내며 듣는 이를 고문하는 것은 위인들의 단점 중 하나다. 이들은 매 문장마다 찬사나 아첨을 듣길 바람으로써 현명한 자들의 인내심을 한계로 몰아간다.

허풍쟁이들도 듣는 이의 반응을 기대하면서 말을 한다. 그래서 오만으로 꾸민 대화를 계속하고, 매 단어마다 "말 잘했다"라는 어리석고 모순되는 칭찬의 말을 기대한다.

꼬투리를 잡고자
너무 세세하게 따지지 마라

지혜로운 것이 더 중요하다. 필요 이상으로 아는 자는 지나치게 꼼꼼해지기 쉽고, 그러면 일반적으로 일을 망친다. 확정된 진실이 더 안정감을 준다.

지성을 갖추는 것은 좋으나, 수다쟁이가 되지는 마라. 지나친 논쟁은 싸움에 가깝다. 필요한 것 이상은 생각하지 않는 견실한 두뇌가 더 좋은 것이다.

같은 말을 계속 해대면
짐 취급을 받는다

같은 일과 같은 말을 해대는 사람은 번잡스럽고 귀찮게 여겨진다. 간결한 것이 더 호감을 주며, 일의 진행을 위해서도 좋다. 좋은 것이 짧으면 두 배로 좋다. 나쁜 것도 적으면 그다지 나쁘지 않다. 핵심만 찍어내는 것이 장황한 것보다 더 효과적이다.

이 세상에는 장식품이라기보다는 장애물 같은 사람들이 있다. 이들은 모두들 길에서 치워버리고 싶어 하는 못 쓰는 가구 같은 존재다. 현명한 자는 짐이 되지 않으려 주의하며, 특히 훌륭한 사람들에게는 더욱 그렇다. 훌륭한 사람들에겐 할 일이 많기 때문이다. 훌륭한 사람들에게 성가신 존재가 된다는 건 지독한 일일 것이다. 좋은 말이란 빨리 끝나는 말이다.

행동은 삶의 실체이며,
말은 삶의 장식이다

탁월한 것을 말하고 존경받을 일을 행하라. 전자는 두뇌의 완전함을, 후자는 마음의 완전함을 보여주며, 이 두 가지가 함께 영혼의 숭고함을 드러낸다.

말은 행동의 그림자다. 말은 여성적인 것이며, 행동은 남성적인 것이다. 칭찬하는 자가 되기보다는 칭찬받는 자가 되는 것이 더 좋다. 말하기는 쉽지만 행동하기는 어렵다. 행동은 삶의 실체이며, 말은 삶의 장식이다.

뛰어난 행동은 후세에 남지만 뛰어난 말은 사라져버린다. 행위는 생각의 결실이다. 그러므로 생각이 현명하면 행위는 성공한 것이다.

입에 설탕을 물고
당신의 말을 달콤하게 적셔라

화살은 육체를 뚫지만 나쁜 말은 영혼을 관통한다. 좋은 냄새가 나는 반죽은 호흡도 유쾌하게 만든다. 공기를 파는 법을 안다는 것은 위대한 삶의 지혜다. 천 냥 빚도 말로 갚으며, 말만 잘하면 불가능한 일도 관철시킬 수 있다. 그래서 공기를 주고 공기를 살 수도 있는 것이다.

제왕의 숨결은 용기와 힘도 쳐부술 수 있다. 언제나 입에 설탕을 가득 물고 당신의 말을 달콤하게 적셔라. 그로써 적에게도 그 달콤함을 느끼게 하라. 다른 사람의 호감을 사려면 평화로운 태도를 취하는 것이 상책이다.

거짓을 말하지 않되
항상 진실만을 말하지도 마라

진실을 말하는 것보다 더 조심해야 할 일은 없다. 그것은 심장의 피를 흘려내는 것과 같다. 진실을 말하는 것과 진실에 대해 침묵할 줄 아는 것은 똑같이 중요하다. 단 한 번의 거짓말로 흠 없던 명성을 잃게 된다. 사기가 비행이라면 사기꾼은 더 질 나쁜 인간이다.

단, 항상 진실만 말하는 것이 좋은 것만은 아니다. 때로는 나를 위해서, 때로는 다른 이를 위해서도 그렇다.

말과 성과를
구분할 줄 아는 사람이 되어라

말과 성과를 구분하기 위해서는 우정과 개인적인 만남, 직무에서 각각의 엄밀한 정확성이 필요하다. 이 모든 것이 서로 완전히 다르기 때문이다. 말은 별로였지만 성과만 괜찮다면 그것만으로도 이미 좋지 않다. 그런데 말은 그럴싸했지만 성과가 나쁘다면 그건 더욱 좋지 않다.

  말은 먹을 수가 없다. 말은 바람과 같다. 그래서 점잔만 빼면서 살 수는 없다. 그것은 예의를 차린 사기다. 새를 잡을 때 빛을 이용하는 것은 새를 말 그대로 눈멀게 하는 것이다. 허풍선이는 바람으로도 식사를 한다. 말은 성과로서 나타나야 하며, 그럴 때에야 비로소 가치를 갖는다. 열매를 맺지 못하고 잎사귀만 무성한 나무는 살아 있는 것이 아니다. 열매를 맺는 나무는 쓸모가 있지만 잎사귀만 무성한 나무는 그늘만 드리울 뿐임을 알아야 한다.

다른 이의 잘못을
당신의 입으로 들추지 마라

다른 이의 치부를 들추는 것은 자신이 이미 오점을 갖고 있다는 표시다. 어떤 이들은 다른 이의 결함으로 자신의 오점을 덮으려 하거나 심지어 씻어내고자 한다. 아니면 거기에서 위안을 구하려 한다. 그러나 그것은 자신의 어리석음에 대한 위안일 뿐이다.

그런 이들은 온 도시의 오물로 가득한 하수구에서 풍겨 나오는 듯한 냄새를 뿜어낸다. 그런 것들을 들춰낼수록 그 사람의 몸에는 더 많은 오물이 묻을 뿐이다.

잘못이 없는 사람은 아무도 없다. 다만 이름 없는 사람의 잘못은 알려지지 않았을 뿐이다. 사려 깊은 사람은 다른 이의 잘못을 들추려 하지 않는다. 그런 일을 한다는 것은 비록 심장은 뛰고 있지만 온기는 없는, 혐오스러운 수호성인(어떤 특정한 개인이나 단체, 지역, 국가, 교구, 성당을 보호하는 성인_옮긴이)이라는 뜻이기 때문이다.

말로 내뱉어진 의도는
높게 평가되지 않는다

새로운 것을 보고 경탄한다는 것은 이미 그것이 성공했음을 의미한다. 자기 패를 다 보여주고 하는 카드놀이는 유익하지도 않고, 재미있지도 않다.

자신의 의도를 바로 공개하지 않음으로써 다른 사람들의 기대감을 자극하게 되는 경우도 있다. 특히 높은 지위에 올라 일반인들의 주목의 대상이 되는 경우가 그렇다. 어떠한 일에서든 비밀스러움을 내비쳐 아직 공개되지 않은 것이 있다는 것을 알려줌으로써 경외감을 불러일으켜라.

자신을 드러내 보일 때에도 평범한 방법은 피하라. 주변 사람들과 교류할 때도 속마음을 모두에게 보여줘서는 안 된다. 신중한 침묵이야말로 현명함의 성전이다.

말로 내뱉어진 의도는 절대 높게 평가되지 않는다. 오히려 흠만

잡힐 뿐이다. 그리고 마무리를 잘하지 못한 경우에는 두 배로 불행해질 것이다. 추측과 불안 속에 사람들을 잡아두는 것은 신이 인간을 지배하고 있는 방법을 흉내내어 배우는 것이다.

빈정대는 말을 익혀서
사용할 줄 알아야 한다

빈정대는 말을 익혀서 사용할 줄 아는 것, 이것은 사람들과의 교제에서 매우 미묘한 사안이다. 빈정거리는 말은 종종 상대의 감정을 살펴보기 위해서 던져진다. 그리고 이를 통해 상대의 마음을 가장 은밀하면서도 철저하게 탐색할 수 있다.

그러나 빈정거림에는 악의적이고 불손하며 시기심이라는 독에 감염되어 있거나, 열정의 거품을 내뿜는 것들도 있다. 이런 것들은 섬광과도 같이 예기치 못한 충격을 주면서, 모든 호의와 존경을 단번에 끌어내린다. 이런 종류의 가벼운 말 한마디에 타격을 받으면, 군중의 불만족과 개인의 악의가 서로 온전히 결탁해도 어찌하지 못했던 최고위층의 소수의 사람조차 모든 이들에게 신뢰를 잃게 된다.

그러나 어떤 종류의 빈정거림은 이와 상반되는 효과를 가져와 우리의 명성을 더욱 확고하게 해준다. 의도한 바를 얻어낼 수 있는 이러한 수완을 통해, 우리는 그때그때 상황을 보며 결과를 미리 예견하고 대비책을 마련해야 한다. 이것이 바로 재앙을 막을 수 있는 방법이기 때문이다. 조준 없이 발사된 탄환은 언제든 과녁을 빗나갈 수 있다.

Baltasar Gracián

6장

인간관계의
비밀을 들려주는
인생 수업

배울 것이 있는 사람과
교제해야 한다

우정 어린 사귐은 지식의 학교이며 즐거움을 주는 가르침의 길이다. 당신의 벗을 스승으로 삼아 배움의 유익함과 즐거움을 모두 누리도록 하라. 통찰력을 갖춘 사람들과 어울림으로써, 그들과 말하는 것에서 찬사를 얻고 그들과 듣는 것에서 유용한 것들을 수확하는 즐거움을 누릴 수 있다.

우리가 다른 이에게 접근하는 것은 흔히 우리 자신의 이해관계 때문이다. 그러나 여기 한 수 더 높은 방식이 있다. 주의 깊은 사람은 지혜로운 이들의 집을 자주 방문한다. 우리 주위에는 지혜로 명성을 떨치는 사람들이 있다. 그들 자체가 비범한 사례들과 교류, 위대한 예언을 우리에게 제시하는 동시에, 그들을 둘러싼 무리들 또한 훌륭한 각종 지혜를 전달하는 격조 높은 학문의 전당을 형성하고 있다.

당신에게 종속되어야 하는 이유를
제시해야 한다

우상을 만들어내는 것은 도금장이가 아니라 숭배자다. 현명한 사람은 사람들이 자신에게 감사함을 느끼기보다는 자신을 필요로 한다는 것에서 더 큰 기쁨을 느낀다. 사람들을 희망의 밧줄로 묶는 것은 왕궁 사람들의 방식이고, 사람들의 감사에 만족하는 것은 농부들의 방식이다. 후자는 전자보다 사람들의 기억에서 더 쉽게 지워진다. 사람들은 어쩔 수 없는 의무감으로 정중하기보다는 차라리 종속되기를 더 바란다.

갈증을 푼 사람은 곧바로 샘에서 등을 돌리고, 황금 접시에 담겨 있던 오렌지는 과즙을 다 짜내고 나면 시궁창에 버려지는 법이다. 종속이 끝나면 호의적인 태도도 곧바로 없어지고 이와 함께 존경심도 사라진다. 그러므로 경험이 우리에게 가르친 것처럼, 사람들이 희망을 유지하도록 하되 결코 완전히 만족시키지는 마라. 그보다는 심지어 왕관을 쓴 군주에게조차도 그 종속이 사람들에게 언제까지나 불가피하게 이어지도록 만들라.

그러나 이것도 너무 지나쳐서는 안 된다. 그리되면 사람들은 무언가를 숨기게 되고, 결국 당신이 실수를 저지르는 일이 발생할 것이다. 또 자신의 이익만 챙기느라 다른 사람에게 불치의 피해를 주어서도 안 된다.

당신에게 도움을 주는
지혜로운 사람을 곁에 두라

탁월한 통찰력을 지닌 사람들을 자기편에 둘 수 있다는 것은 권력자들이 누리는 행운 중 하나다. 탁월한 통찰력을 지닌 사람들은 무지에서 오는 모든 위험에서 권력자들을 구해내고, 어려운 쟁점들도 권력자들 편에서 상론한다.

지혜로운 사람들을 심복으로 둔다는 것은 실로 엄청난 힘이며, 포로로 잡힌 왕들을 부하로 삼고자 했던 티그라네스(아르메니아의 왕_옮긴이)의 야만적인 취향을 단연코 능가하는 것이다. 태어날 때부터 우리보다 우월한 자를 인위적으로 심복으로 만드는 것은 인생에서 완전히 새로운 환희이자 최고의 일이다.

앎은 길고, 인생은 짧다. 무지한 자는 삶을 살고 있는 것이 아니다. 그러므로 노력을 낭비하지 않은 채 여러 사람의 가르침을 받아 모든 것을 배우게 되는 것이야말로 현명한 자세다. 그리해 당신이 예전에 충고로 들은 것보다 더 많은 것을 나중에 사람들이 모인 자리에서 당신의 입을 통해 말하라. 그러면 다른 사람의 땀을 빌려 당신이 예언자의 명성을 얻게 될 것이다.

우리를 곤경에서 구해주는 모든 사람들은 우선 교훈이 될 만한 것을 모아두고 우리에게 그 정수를 가르쳐준다. 그러나 지혜로운 사람을 심복으로 삼지 못할 경우에는 그들과 교류함으로써 이익을 취하도록 하라.

상대를 마음대로
움직일 수 있는 열쇠를 찾아내라

상대를 마음대로 움직일 수 있는 열쇠를 찾아내는 것, 이것은 다른 사람의 의지를 움직이는 기술이다. 여기에는 확고부동함보다는 유연한 수완이 필요하다.

상대방에 따라서 각각 어느 지점에서 근접해야 하는지를 알아야 한다. 자기만의 고유한 성향이 없는 사람은 없으며, 그에 따라 취향도 다양할 수밖에 없다.

모두가 자기만의 우상을 섬기고 있다. 혹자는 명예를 섬기고, 혹자는 눈앞의 이익을 섬기며, 대부분은 쾌락을 추구한다. 개개인의 이러한 우상을 파악해 이를 통해 그 사람의 마음을 움직이는 것이 바로 이 기술의 핵심이다.

개개인에게 결정적인 영향을 주는 것이 어떤 것인지를 안다면, 그 사람의 의지를 움직이는 열쇠를 얻은 것이나 마찬가지다. 이제 그 사람의 마음속 가장 근본적인 충동을 염탐하라. 그 충동은 그의 본성 중에서 가장 저열한 것이다. 이 세상에는 좋은 성향보다는 나쁜 성향이 더 많기 때문이다.

이제 우선 그의 마음을 주무른 뒤에, 한마디 말을 통해 자극하라. 그리고 마지막으로 그가 가장 좋아하는 것으로 결정적인 타격을 주라. 그러면 틀림없이 그의 자유의지가 당신의 손바닥 안에 녹아들리라.

거절할 줄 알되
곧바로 거절해서는 안 된다

모든 이에게 모든 것을 허용해서는 안 된다. 거절할 줄 아는 것은 승낙할 줄 아는 것만큼 중요하다. 무엇보다 권력을 가진 자는 이 점을 꼭 유념해야 한다.

거절의 방법도 다양하다. 한 사람의 "아니오"는 많은 다른 사람의 "예"보다 더 높이 평가된다. 왜냐하면 금빛 찬란한 거절이 무미건조하기 그지없는 승낙보다 더 많은 것을 충족시키기 때문이다.

물론 거절을 언제나 입에 달고 다니면서 다른 이의 모든 것을 망쳐놓는 사람들도 많다. 그들에겐 거절이 언제나 최고의 원칙인 것이다. 그리고 그들이 혹 나중에 모든 것을 허락해도 사람들은 이제 그것을 인정하지 않는다. 애초에 이미 그들이 모든 것을 망쳐놓았기 때문이다.

그 무엇도 그 자리에서 곧바로 쳐내서는 안 된다. 그보다는 간청

하는 사람이 점차 자기기만에서 벗어나게 하라. 또한 그 무엇도 결코 완전히 송두리째 거절해서도 안 된다. 그리되면 그 사람은 당신에 대한 의존에서 벗어나겠다고 나설 것이다.

거절의 쓴맛에 달콤함을 가미해주는 약간의 희망을 언제나 조금은 남겨두라. 마지막으로, 호의가 사라져버린 빈 공간을 정중함으로 메우라. 승낙이나 거절의 말은 빨리 하되, 언제나 오랜 생각을 거친 후에 하라.

행복한 사람과
불행한 사람을 구별하라

행복한 사람과 불행한 사람을 구별해, 행복한 사람은 곁에 두고 불행한 사람은 멀리하라. 불행은 대개 어리석음에 대한 벌이며, 그에 가담하는 사람에게 가장 심하게 전염되는 질병이다. 아무리 작은 재앙에도 절대로 문을 열어주어서는 안 된다. 그 뒤에는 언제나 더 커다란 다른 많은 재앙이 남몰래 숨어 있기 때문이다.

　이 섬세한 기술은 카드놀이를 할 때에 제대로 진가를 발휘한다. 이번에 이긴 색상의 가장 작은 카드가 조금 전에 이겼던 색상의 가장 커다란 카드보다 더 중요하다. 미심쩍을 경우에는 사려 깊은 사람은 현명하고 신중한 사람들을 곁에 둔다. 이 사람들은 일찌감치, 아니 늦게라도 행운을 가져오기 때문이다.

모든 사람에게
적응할 줄 알아야 한다

학식 있는 사람에게는 학식을 갖춰서, 성스러운 사람에게는 성스러움을 갖춰서 대하라. 이는 모두를 얻을 수 있는 위대한 기술이다. 일치감을 보이면 호의를 얻기 때문이다.

사람들의 기분을 관찰하고 거기에 맞춰 자신을 그때그때 조율하라. 진지함에도, 쾌활함에도, 정치적인 변화를 보임으로써 모두를 사로잡아라. 다른 이에게 의존해야 하는 사람에겐 이런 기술이 절실히 필요하다. 그러나 이 기술을 노련하게 다루는 데에는 많은 재능이 필요하다. 지식과 취미가 다양한 사람에겐 이것이 별로 힘들지 않다.

적과 부딪치기만 하지 말고
적마저도 이용하라

모든 것은 직접 다루어보고 이해해야 한다. 그러나 칼날은 만지지 마라. 다칠 것이다. 대신에 칼집을 잡아라. 보호해줄 것이다. 그런데 대부분의 사람들은 상대편을 부추긴다. 지혜로운 자는 어리석은 자가 친구에게서 받는 도움보다 더 많은 도움을 적을 이용해 받을 줄 안다.

지혜로운 자는 남의 원망에서 귀감을 배운다. 이는 호의보다 더 충실하다. 그를 통해 누가 자신의 잘못을 험담하지 못하게 예방하거나 이를 개선한다. 적수와의 경쟁과 악의가 늘 이웃처럼 곁에 있다면, 조심성이 매우 중요하기 때문이다.

사람들과 잘 어울리는 것은
온전한 사람이 되는 지름길이다

사람들과의 교제는 확실한 효과가 있다. 인지하지 못하는 사이에 몸가짐과 취미를 함께 나누고, 기질과 심지어 정신까지도 받아들이게 되는 것이다. 그 때문에 명민한 자는 자기보다 우월한 자를 가까이 하려고 한다. 이러한 사귐에서는 여러 가지 생각을 나눌 때에도 무리 없이 친근한 분위기가 무르익는다.

다른 사람에게 맞춰갈 수 있다는 것은 매우 실용적이다. 대립되는 것들의 상호작용은 세상을 아름답게 하고 유지시켜준다. 또 육체적인 조화에서 야기되는 것은 도덕적인 조화에 더 많은 것을 가져온다.

친구와 종복을 선택할 때에는 이러한 지혜를 염두에 두라. 대립되는 것이 결합될 때 분별 있는 중용의 길을 걸을 수 있기 때문이다.

고소인이 되는 것을
가급적이면 피하라

모든 것을 범죄로 낙인찍는 음울한 기질을 가진 사람들이 있다. 열
정 때문에 그러는 것이 아니라, 타고난 기질이 그들을 그렇게 몰아
댄다. 그들은 모든 이들에 대해, 모든 이들이 행했고 앞으로 행하게
될 모든 것에 대해 저주의 판결을 내린다. 이것은 잔혹하고도 비열
한 감정에서 나오는 것이다. 그들은 돌조각을 보고 대들보라 칭하
는 과장으로 비난을 일삼으며 그렇게 다른 사람의 눈을 찔러댄다.

　낙원을 노예선으로 바꿔버리고 싶어 하는 교도소장 같은 사람들
이 사방에 널려 있다. 여기에 열정까지 더해지면 모든 것은 극단에
몰린다. 그러나 고귀한 마음의 소유자는 대단한 잘못이 아니라며
과실을 눈감아 줌으로써 모든 것을 용서할 줄 안다.

친구를 얻으려면
자신을 친구로 만들어라

친구는 제2의 삶이다. 모든 친구는 좋은 법이며, 친구들과 함께 있으면 모든 일이 잘된다. 어떤 친구도 또 다른 친구만큼 가치가 있다. 그러나 다른 사람들이 그를 친구로 원하도록 하기 위해서는 그들의 마음을 얻어야 한다. 여기에는 호의의 표시보다 더 강력한 마술은 없다.

친구를 얻기 위해서는 자신을 친구로 만드는 것이 최고의 방법이다. 우리가 얻는 것의 대부분, 우리가 얻는 것 가운데 최고는 다른 사람들에게 달려 있다. 우리는 친구들 사이에서 살거나 아니면 적들 사이에서 살아야 한다.

매일 친구들을, 정확한 친구보다는 호의적인 친구를 얻으려고 노력하라. 나중에 그들 가운데 몇 명은 선택의 시험에 통과해 당신의 신뢰자로 남게 될 것이니.

사랑과 호의를 획득하되
그것을 이용하지는 마라

다른 사람의 마음에 들면 대중의 호의를 얻게 된다. 어떤 사람들은 자신의 가치만을 맹신하고 다른 사람의 호의를 등한시한다. 오직 경험 있는 자만이 호의의 도움 없이 일을 이루는 길이 멀고도 먼 것임을 알고 있다. 모든 것은 다른 사람의 호의를 얻을 때 쉬워지고 완전해진다.

언제나 용기, 솔직함, 학식 그리고 지혜와 같은 훌륭한 속성이 전제되어 있는 것은 아니다. 그러한 것들은 타고난 것으로 간주된다. 그러나 호의는 당신의 추한 잘못을 절대로 보지 않는다. 그것을 보려 하지 않기 때문이다.

호의는 서로의 동질성에서 생겨나며 대개는 기질, 민족, 친척, 조국, 관직과 같은 물질적인 것에서 생겨난다. 그러나 정신적인 동질성에서 비롯되는 화합이 더 높은 것이다. 그것은 재능, 책임, 명성,

공적 같은 데에서 생겨난다.

어려움은 다만 호의를 얻는 것에 있다. 호의를 지켜내기는 쉽다.

그러나 호의를 획득하되, 그것을 절대 이용하지는 마라.

불운의 시기에
우정을 쌓고 은혜를 베풀라

겨울에 대비해 여름에 좀 더 유용한 것들을 창고에 저장해두는 것
은 훌륭한 대비책이다. 행운의 시기에는 호의를 얻기 쉬우며 우정
도 넘쳐흐른다. 불운의 시기에 대비해 그 호의와 우정들을 저장해
두는 것이 좋다.

불운의 시기에는 행운이 매우 귀중하고 모든 일에서 아쉬운 법
이다. 그러니 우정을 쌓고 사람들에게 은혜를 베풀라. 지금은 존중
받지 못하는 것이 언젠가는 높게 평가될 수도 있기 때문이다.

비루한 영혼의 소유자는 행운이 왔을 때 친구를 두지 않는다. 그
러나 그들이 지금 친구를 모르면, 불운할 때에는 그 친구들이 그들
을 알지 못할 것이다.

호의를 얻고 싶다면
절대로 경쟁자가 되지 마라

다른 사람들에 대한 비난은 어떠한 것이든 모두 우리의 명성을 해친다. 경쟁자도 곧바로 우리를 비방하고 누르려 하기 때문이다.

공정하게 전쟁을 치르는 자는 별로 없다. 경쟁자는 전에는 관대히 봐서 넘긴 결점까지 들추어낸다. 많은 사람들이 명성을 누리는 건, 경쟁자가 생기기 전까지이다. 경쟁이 격화되면 오래 전에 말라 죽은 욕설이 되살아나고 묻혔던 악취가 다시 풍긴다.

경쟁은 공공연한 중상모략으로 고조되고, 수단과 방법을 가리지 않게 된다. 그리고 종종, 아니 대개는 무기를 내려놓는 것으로 목적에 다다르지는 못한다. 적어도 그러한 무기를 통해 적들은 복수라는 저열한 만족을 추구하며, 그로써 치욕스러운 과거의 사건들에서 공기 중에 먼지라도 떨어뜨리게 만든다. 언제나 호의 있는 자들은 평화로웠고, 명망과 명성이 있는 자들은 호의적이었다.

지인들의 결점에
반드시 익숙해져야 한다

지인들의 결점에 익숙해져라. 그들의 끔찍한 얼굴에 대해서도 마찬가지다. 그들과 가까이 지내야 한다면 이는 어쩔 수 없는 것이다. 결코 함께 할 수 없는 끔찍한 성격을 가지고 있지만 없어서는 안 되는 사람들이 있다. 그렇다면 추한 얼굴에 점차 익숙해지듯 그들의 성격에도 적응하는 것이 현명하다. 그래야만 아주 무서운 일이 닥쳐서도 평정심을 유지할 수 있다.

물론 처음에는 경악할 것이다. 그러나 점차 혐오스러움은 사라질 것이며, 신중하게 생각하면 불쾌함을 미리 막거나 견뎌낼 수도 있을 것이다.

명예심과 의무감을 가진
사람들과만 교제하라

명예심과 의무감을 가진 사람들과만 교제하라. 그런 사람들과는 서로의 의무를 이행할 수 있다. 그들이 가진 명예심은 그들의 행동에 대한 최고의 보증 수표다. 의견의 일치를 보이지 못할 때에도 그것은 마찬가지이다. 그들은 언제나 자신의 명예를 고려하기 때문이다.

무도한 자와의 교제는 절대로 안전하지 못하다. 그들은 정직함에 대해 아무런 의무도 느끼지 않기 때문이다. 그러므로 그들과는 진정한 우정도 맺을 수 없다. 그들은 당장 눈앞에 보이지 않는 우정은 무시한다. 명예심이 그들에게는 아무런 힘을 발휘하지 못하기 때문이다.

예의 바르다는 평판을
사람들에게 얻어야 한다

호감을 얻는 것으로는 충분치 않다. 예의는 교양의 중요한 일부이고, 모든 이의 총애를 받게 해주는 마술이다. 그와 반대로 무례는 사람들의 멸시와 반감을 일깨운다. 자만에서 비롯되는 무례는 혐오감을 주고, 상스러움에서 비롯된 무례는 경멸을 낳는다.

예의는 언제나 모자라는 것보다는 지나친 것이 낫지만, 모든 사람에게 똑같아서는 안 된다. 그것은 공정하지 않기 때문이다. 적들 사이에서도 자신의 가치를 보이기 위해선 정중해야 한다.

정중함에는 많은 것이 들어가지 않지만 많은 것이 돌아온다. 다른 이를 존경하는 자는 존경받는다. 예의와 명예는 그 무엇보다 중요하며, 예의와 명예를 보이는 사람에게 예의와 명예가 머문다.

반감을 불러일으키지 말고,
미움을 사지 마라

반감을 불러일으키지 마라. 많은 이들은 이유나 근거도 없이 제멋대로 미움을 품는다. 그들의 악감정은 우리의 호의를 앞지른다. 본능적인 미움의 감정은 다른 이에게 피해를 주는 데 강력하고 빠르게 작용한다. 본능적인 열정으로 자기 자신의 이익을 취할 때보다 더욱 강력하고 더욱 빠르게.

어떤 이들은 모든 수단을 동원해 최악의 일을 하려고까지 한다. 그건 그들이 권태감을 느끼고 있거나 아니면 악행으로 인해 흥분을 느끼기 때문이다. 미움이 한 번 뿌리를 내리면, 나쁜 평판처럼 그 미움도 근절하기 어렵다.

불손한 자는 혐오감을 불러오고, 조소를 일삼는 자는 불쾌감을 주며, 별난 사람은 무시를 당한다. 그러니 존경을 얻으려면 남을 존경하고, 존중받는 것을 소중히 여겨라.

재능이 많을수록
잘난 척하지 마라

재능이 많을수록 더욱 잘난 척하지 마라. 그런 일이야말로 가장 저열하고 볼품없는 짓이다. 잘난 척은 다른 이들에게 역겨움을 가져오고 고통스럽게 만든다. 그런 일을 당하는 사람은 잘난 척하는 것을 신중하게 들어줘야 하는 순교자로서, 하나하나 주목해줘야 하는 고문을 당하는 것이기 때문이다.

뛰어난 재능은 잘난 척으로 인해 그 공로가 사그라진다. 자연스럽게 보이지 않고 인위적인 기술로 강요된 것처럼 보이기 때문이다. 어느 곳에서나 인위적인 것보다는 자연적인 것이 더 호감을 받는다. 자신이 가진 장점들을 잘난 척하면 할수록 그 사람은 더욱 낯설게 느껴진다.

일을 잘 처리할수록 그에 들인 노고를 감춰야 한다. 그래야 그 완전성이 천성에서 나온 것으로 여겨진다. 또한 잘난 척하는 것에 대한 두려움으로 인해 잘난 척하지 않음을 잘난 척하는 상황에 빠지지 않도록 해야 할 것이다.

지혜로운 사람은 자신의 장점을 알게 하지 않는다. 스스로의 장점에 주목하지 않으면 다른 이가 그것에 주목할 것이다. 완전성을 지니고 있지만 그것을 마음에 두지 않으면 두 배로 위대해진다. 그는 정반대의 길을 걸어 찬사라는 목적지에 도달하는 것이다.

자리에서 물러나서도
다시 필요로 하는 사람이 되어라

사람들에게 커다란 호의를 받는 사람은 소수에 불과하다. 물러나는 사람들에 대한 미온적인 반응은 일상적이다. 그러나 일반인의 총애를 받는 길은 존재한다. 가장 확실한 길은 자신의 직무에서 탁월한 재능을 발휘하는 것이다.

행동으로 마음을 끄는 것도 효과가 크다. 이런 것들을 통해 자신의 장점이 다른 사람들에게 꼭 필요한 것이 되게 해, 우리가 직무를 필요로 하는 것이 아니라 직무가 우리를 필요로 하는 것임을 보여줄 수 있다.

자신의 업무를 영광스럽게 만드는 이들이 있는가 하면, 업무를 통해 영광스럽게 되는 이들도 있다. 그러나 후임자들이 열등해서 우리가 돋보이는 것이라면, 이는 명성이 될 수 없다. 그것은 우리가 필요하게 된 것이 아니라 후임자들이 미움받는 것이기 때문이다.

혼자 현명하기보다는
모두와 함께 바보가 되어라

"혼자 현명하기보다는 모두와 함께 바보가 되는 편이 낫다." 정략적인 사람은 그렇게 말한다. 모두가 바보라면 아무도 그 누군가보다 더 못하지 않기 때문이다. 그리고 현명한 자가 단 한 명 있다면 그가 바보로 간주될 것이다. 그렇기에 흐름을 따르는 것이 중요하다.

무지한 자들과 지혜를 가장하는 자들 사이에는 때로 위대한 현자가 섞여 있다. 우리는 다른 사람들과 어울려 살아야 하며, 대다수의 사람들은 무지하다. 홀로 살려면 신이 되거나 아니면 아예 짐승이 되어야 한다. 그래서 나는 앞서의 격언을 이렇게 바꾸고 싶다. "홀로 바보가 되기보다는 모두 함께 신중해져라." 망상 속에서 홀로 독창성을 추구하는 사람들도 있다.

당신에게 그늘을 드리울 사람과는
어울리지 마라

당신에게 그늘을 드리울 사람과는 절대로 어울리지 마라. 당신의 위에 있거나 당신의 아래에 서 있음으로써 당신에게 그림자를 드리울 수 있다.

장점이 더 많은 자가 더 큰 존경을 받는다. 다른 이가 주연을 맡게 되면 우리는 언제나 조연을 맡게 되어 있다. 우리 자신의 가치를 높게 평가받을 수 있는 기회를 조금은 남겨두라.

밤하늘의 달은 오직 별들 사이에 있을 때에만 빛이 난다. 태양이 뜨면 달은 나타나지 않거나 보이지 않는다. 그러니 당신을 그늘로 가릴 사람과 어울리지 말고 당신을 돋보이게 하는 사람과 사귀라. 그런 식으로 파불라(로마신화에 나오는 지혜로운 여신_옮긴이)도 자신의 아름다움을 눈에 띄게 했다. 수행하는 시녀들을 못생긴 이들로 고르고, 그들에게 추한 옷을 입게 했던 것이다.

그렇다고 나쁜 친구들과 어울려 위험에 빠지거나 자신의 명성을
희생하면서 그들에게 영예를 주지도 마라. 아직 일이 진행중에 있
다면 탁월한 자와 어울려라. 그러나 이미 성공했다면 평범한 사람
들과 어울려라.

좀처럼 다가가기 어려운
사람이 되지 마라

그 누구도 완벽하지 않기에, 때로는 다른 이의 생각이 필요하다. 그 누구의 생각도 듣지 않으려는 사람은 치유불능의 어리석은 자다. 제아무리 뛰어난 자라도 우정 어린 충고에 귀를 기울여야 한다.

모든 것에 마음의 문을 닫아 구제할 길 없는 사람들이 있다. 그런 사람들에게는 아무도 가까이 다가가지 않고 멀어지려고만 하기에 파멸로 치닫는다. 아무리 탁월한 자라도 우정에는 문을 열어야 한다. 벗이라면 아무런 주저 없이 충고하고 비난할 자유가 있어야 한다. 이러한 권위가 주어질 때 벗은 당신에게 만족할 것이며, 당신의 충실함과 분별 있음을 찬양할 것이다.

그러나 모든 이에게 쉽게 배려와 신뢰를 주지는 마라. 우리의 은밀한 내면에는 충실한 거울이 있어, 옳은 것을 가리키고 오류에서 구해주는 믿을 만한 자를 구분해 그에게 감사할 수 있도록 해준다.

쉽게 믿지도 말고,
쉽게 사랑하지도 마라

정신의 성숙함은 서서히 굳어가는 믿음에서 나타난다. 거짓은 매우 범속하고, 믿음은 매우 비범하다. 쉽게 휩쓸리는 자는 나중에 창피를 당한다. 상대방의 말에 의심을 품더라도 이를 알게 하지 마라. 말하는 자를 당장 사기꾼이나 사기당한 자로 모는 것은 정중하지 못하며 수치심을 안겨주는 일이기 때문이다.

그러나 가장 최악의 행위는 상대방이 하는 말을 믿을 수 없다고 바로 거짓말쟁이로 모는 일이다. 그러면 믿을 수 없는 자와 믿지 못하는 자 모두가 재앙을 겪는다. 이야기를 들을 때는 판단을 유보하는 것이 현명하다. 그러나 말하는 자는 확신할 수 있는 것을 말하라. 의심하지 않음을 보이는 방식 중엔 쉽게 호의를 보여주는 것도 있다. 그러면 말에서뿐만 아니라 행동에서도 속임을 당하지 않는다.

친구는 스스로
선택하라

당신의 분별력 시험을 거치고 행운과 불행의 교차 속에서 여전히 친구로 남아 있는 사람만이 당신의 친구이어야 할 것이다. 그리고 친구를 선택할 때에는 당신의 취향만이 아닌 통찰에 근거해야 한다. 물론 당신의 취향이 다행히 삶에서 가장 중요한 것이면 좋지만, 어찌되었든 최소한의 주의는 기울여야 한다.

어떤 친구들은 넉살 좋은 성격으로 다가오기도 하지만, 대부분은 우연히 우리에게 찾아온다. 사람은 그가 사귀는 친구에 따라 평가된다. 현명한 자와 무지한 자 사이에는 아무런 공통점이 없기 때문이다. 그러나 당신이 어떤 사람에게 끌리더라도 그것이 곧 우정을 의미하는 것은 아니다. 이는 그 사람의 능력에 대한 신뢰라기보다는 그와 나누는 대화로 인한 잠깐의 즐거움일 수 있기 때문이다.

진실한 우정과 진실하지 못한 우정이 있다. 진실한 우정은 훌륭한 생각과 행동의 결실이며 흥겨운 것이다. 이런 친구를 가진 사람은 많지 않으며, 대부분의 사람들은 이를 운에 맡긴다.

친구 한 명의 건실한 통찰은 다른 많은 이의 호의보다 더 쓸모가 있다. 그러니 친구의 선택은 우연에 맡기지 말고 당신 스스로 하라.

현명한 자는 불쾌한 일을 피할 줄 알지만, 어리석은 친구는 불쾌한 일을 가져온다. 또한 친구를 잃지 않으려면 친구들에게 지나친 행운을 기대하지도 마라.

때론 친구를 이용할 줄도
알아야 한다

친구를 이용하는 것, 여기에도 지혜의 기술이 있다. 어떤 이들은 멀리 있을 때 좋고, 어떤 이들은 가까이에 있을 때 좋다. 또한 어떤 이들은 이야기를 나누기보다는 편지를 주고받기에 적합한데, 이는 멀리 있으면 가까이에 있을 때는 참을 수 없었던 결함들이 보이지 않기 때문이다. 친구와는 함께 즐거움만을 나눌 것이 아니라 그를 이용할 줄도 알아야 한다.

친구라면 세 가지 속성을 지니고 있어야 한다. 어떤 이들은 선, 어떤 이들은 핵심이라고 부르는 이것은 바로 우애, 자비, 진실이다. "실재하는 것은 하나요, 참되고 선하다(quodlibet ens est unum, verum, bonum)." 스콜라 철학에서 나온 말이다. 친구는 그 무엇보다도 중요한 것이기 때문이다.

좋은 친구가 되기에 적합한 사람은 많지 않다. 선택할 줄 모르는 사람에게는 그 수가 더욱 적다. 친구를 잃지 않는 것은 친구를 사귀는 것보다 더 중요하다. 오래갈 수 있는 친구를 구하라. 그리고 새로 사귄 친구도 오랜 친구가 될 수 있다는 마음을 가져라.

가장 좋은 친구는 신랄할 조언을 아끼지 않아 당신에게 소금이 될 수 있는 친구다. 친구가 없는 인생만큼 슬프고 적막한 것은 없다. 우정은 좋은 것은 더 좋게 만들고, 나쁜 것은 함께 나눈다. 이는 불행을 막는 유일한 방책이며 영혼의 자유로운 호흡이다.

다른 사람에게
기만당하지 마라

기만당하는 것, 이는 가장 나쁘면서도 가장 쉽게 할 수 있는 착각이다. 상품에 속는 것보다는 가격에 속는 것이 더 낫다. 다른 무엇보다 사람의 경우에는 내면을 볼 줄 아는 것이 필요하다.

사물을 이해하는 것과 사람을 파악하는 것은 완전히 별개의 일이다. 사람들의 심정을 파악하고 성격을 구분한다는 것은 깊은 철학이다. 책처럼 사람도 연구하는 것이 필요하다.

어리석은 자들을
견딜 줄 알아야 한다

똑똑한 자들은 언제나 참을성이 없다. 지식이 늘어날수록 참을성
은 줄어들기 때문이다. 통찰력이 큰 자는 쉽게 만족하지 않는다.

에픽테토스(고대 그리스의 철학자_옮긴이)에 따르면 삶의 첫 번째
원칙은 인내할 수 있는 능력이며, 지혜의 절반이 거기에 기인한다.
온갖 어리석음을 견뎌내려면 엄청난 참을성이 필요하다.

대개 우리는 우리가 기대고 있는 사람에게는 인내를 보인다. 이
는 극기를 위한 유용한 훈련이다. 인내심이 있으면 소중한 평화를
누릴 수 있고, 이로써 세상은 행복해진다. 그러니 참는 데에 소질
이 없는 사람이라면, 자기 자신만이라도 견뎌내면서 자신의 안에
은거하라.

불행한 자의 운명을
당신의 것으로 만들지 마라

어떤 이의 불운은 때로 다른 이에게 가장 행복한 일이 되기도 한다. 다른 많은 이가 불행하지 않다면, 행복한 이도 아무도 없을 것이기 때문이다. 불행한 자들은 사람들의 호의를 쉽게 얻어 이것으로 운명의 매질을 보상받으려 한다. 우리는 종종 행운의 정상에 있을 때는 모든 이들에게 시기의 대상이었던 사람이, 정작 불행에 처하면 모든 이들에게 동정을 얻는 모습을 보게 된다. 자기보다 우월한 자에 대한 복수심은 몰락한 자에 대한 연민과 짝을 이룬다.

그래서 언제나 불행한 자들과만 어울리는 사람들이 있다. 그리고 어제는 행복한 자라는 이유로 기피했다가 오늘 그가 불행에 빠지자 그의 편에 서는 사람도 있다. 이러한 태도는 때로 고귀한 심성을 보여주기는 하나, 현명함을 보여주는 것은 아니다. 불행한 자에 대한 동정으로 인해 그의 운명을 당신의 것으로 만들지 마라.

다른 사람의 호의를
남용하지 마라

좋은 후원자는 큰일을 위해 있는 것이다. 그러므로 커다란 신뢰를 작은 일에 소모하지 마라. 그것은 타인의 호의를 낭비하는 것이다. 신성한 닻은 언제나 극한의 위험을 위해 남겨두라. 하찮은 목적을 위해 큰 것을 남용한다면 나중에 무엇이 남겠는가?

그 어떤 것도 자신을 후원해주는 사람보다 더 가치 있는 것은 없으며, 오늘날 다른 사람의 호의보다 더 귀중한 것은 없다. 많은 재산을 갖는 것보다 힘 있는 자의 호의를 얻는 것이 그래서 더 중요하다.

잃을 것이 없는 사람과는
어울리지 마라

잃을 것이 없는 사람과 어울리지 마라. 그로 인해 불공평한 싸움에 말려들기 때문이다. 상대방은 아무런 걱정이 없다. 그에게는 수치심도 없고, 모든 것이 이미 끝장난 상태이며, 더 잃을 무언가도 없다. 그렇기에 그는 온갖 부정한 일에 몸을 던진다. 그런 끔찍한 위험에 당신의 소중한 명망을 맡겨서는 안 된다. 오랜 세월에 걸쳐 쌓아올린 명망이 한순간에 사라질 수도 있다. 단 한 번의 터무니없는 사고로 수많은 뜨거운 땀방울들이 허무하게 될 것이다.

의무감과 명예심을 가진 사람은 잃을 것이 많으니 자신의 위신을 돌본다. 그리고 자신의 명망과 그 외의 모든 것에 대해 깊이 생각한다. 그는 조심스럽게 일에 개입하고 유보적인 태도로 사안에 접근함으로써, 신중할 수 있는 여지를 남겨두고 적시에 물러나며 자신의 명망을 늘 안전한 곳에 보호해둔다.

깨지기 쉬운 교제나 우정은
아예 맺지 마라

어떤 것들은 너무나 쉽게 깨져버린다. 그 때문에 성분에 결함이 있음이 드러난다. 무례함과 악의로 가득 찬 교제와 우정이 그런 것이다. 그런 사람들의 심성은 눈동자처럼 약해 농담에서든 진담에서든 접촉을 견뎌내지 못한다. 아주 사소한 일에서조차 그들은 상처받으며, 어떤 일에서도 결말을 보지 못한다.

그런 사람들과 교제할 때에는 극도로 조심해야 한다. 언제나 그들의 유약함을 고려하고 그들의 표정까지 관찰하라. 아주 작은 불쾌감도 그들의 기분을 건드릴 수 있기 때문이다.

그들은 대개 매우 특이한 사람들로, 내키는 대로 모든 것을 내버릴 수 있는 변덕스런 기분의 노예이고, 스스로가 만들어낸 헛된 명예의 숭배자다. 반대로 사랑스러운 심성은 마치 다이아몬드처럼 강인하고도 끈질기다.

허물없는 사이를
거부해야 한다

스스로에게도, 다른 이들에게도, 허물없는 사이를 허락해서는 안 된다. 허물없는 사이가 되면 그 즉시 우월함을 상실하며, 당신의 흠잡을 데 없는 능력을 남에게 주게 됨으로써 존경심도 잃게 된다.

별은 우리 손이 닿지 않기에 찬란함을 유지하는 것이다. 너무 붙임성 있는 태도는 비천함과 상통한다. 그것은 인간적인 것으로, 붙임성이 많을수록 사람들의 인정을 받지 못한다. 그로 인해 조심스레 감추고 있던 결점도 드러나기 때문이다.

그 누구와도 아무런 허물도 없는 사이가 되지 마라. 높은 지위에 있는 자와도 마찬가지다. 그것은 위험한 일이다. 하찮은 자와도 마찬가지다. 그것은 세련되지 못한 일이다. 그러나 무엇보다도 평범한 사람들과 허물없는 사이가 되지 마라. 어리석은 이들은 뻔뻔스럽기에, 이러한 호의를 받아야 할 빚으로 오인하기 때문이다.

어리석은 자를
떠맡지 마라

바보를 알아보지 못하는 사람이 바보다. 바보인 줄 알면서 멀리하지 못하는 사람은 더욱 바보다. 어리석은 자들은 피상적인 관계에서는 위험하고, 신뢰 있는 관계에서는 치명적이다. 바보들 자신이 조심하고 다른 사람들이 조심해 한동안 바보들이 울타리 안에 갇혀 있다고 하더라도, 바보는 결국 어리석게 행동하거나 어리석게 말한다.

바보가 그렇게 오래 기다린 것은, 그러면 혹 품위 있어 보일까 하고 생각했기 때문이다.

바보에게도 한 가지 좋은 점은 있으니, 그들에게는 지혜로운 사람이 소용없으나 지혜로운 사람에게는 그들이 많은 도움이 된다는 것이다. 현명한 자는 바보를 보고 깨달음을 얻으며 자신을 훈련한다.

상대의 첫인상에
좌우되지 마라

어떤 사람들은 귀에 들리는 첫 소식만을 믿고, 그다음 소식들은 모두 소홀히 대한다. 하지만 거짓이 앞서 오기에, 뒤따르는 진실은 늘 설 공간이 없다.

처음 전해지는 소식에 우리의 의지와 분별력이 현혹되어서는 안 된다. 이는 정신의 비루함을 보여주는 것이기 때문이다.

많은 이들은 처음 나오는 물이 좋든 나쁘든, 악취가 나든 나지 않든, 그 물을 받으려고 새 물통을 준비하고 있다. 그러나 이런 정신의 비루함이 알려지면, 오는 것은 파멸뿐이다. 사악한 의도를 가진 자들만을 위한 공간이 될 것이기 때문이다.

악의를 품은 자는 경솔하게 믿는 자들을 자신의 색채로 물들이는 데 지체하지 않는다. 두 번째로 확인할 여지는 언제나 남겨두어야 한다. 그 위대한 알렉산더 대왕도 자신과 다른 편에 서 있는 자들을 위한 귀를 언제나 열어두었다.

두 번째, 세 번째의 소식을 담을 공간을 남겨두라. 첫인상을 쉽게 받아들이는 것은 하찮은 능력에서 비롯되는 것이지, 저 멀리 있는 열정에서 비롯되는 것이 아니다.

본래의 의도를 감춘 채
접근하는 사람을 조심하라

타인에게 공격을 가하기 위해서 그의 의지를 잠재우는 것은 교활한 자들의 술책이다. 여기에 말려들면 지는 것이다. 그들은 의도한 바를 얻기 위해 그 의도를 감추며, 이를 알아채지 못하면 그들의 술책은 성공을 거둔다. 따라서 당신의 주의력은 잠이 들어서는 안 된다. 사람의 의지력은 생각보다 약하기 때문이다.

그리고 당신의 의도는 뒤로 감추고, 상대의 의도는 앞으로 보일 수 있도록 만들라. 숨겨진 의도를 갖고 접근하는 자의 수법을 간파하고, 그가 본래의 의도를 관철하기 위해 내세우는 구실을 알아차려라. 하나는 표면적인 것이고, 다른 하나가 진정한 속셈이다. 그는 갑자기 몸을 돌려 과녁의 중심을 맞힐 것이다. 그러니 그에게 내주어도 되는 것이 무엇인지를 파악하라. 그리고 때로는 그의 의도를 간파하고 있음을 암시하는 것도 적절한 수법이다.

상대의 취향을
잘못 파악하지 마라

상대의 취향을 잘못 파악하면 즐거움 대신에 곤혹을 치르게 될 것이다. 어떤 사람의 기분에는 잘 맞았던 것이 다른 사람에게는 기분을 상하게 할 수 있다. 그건 다양한 취향들을 파악하지 못했기 때문이다. 많은 일들이 어떤 이에게는 아첨이 되지만 어떤 이에게는 모욕이 될 수 있다.

종종 누군가를 기쁘게 하려 애쓰다 오히려 불쾌감을 주는 경우가 있다. 이로 인해 다른 이의 호의를 상실하게 되어 감사와 선물을 잃게 되는 것이다.

상대방의 취향을 알지 못하면 만족을 주기 어렵다. 그렇기에 칭찬을 하려다 비난을 해 대가를 톡톡히 치르는 경우도 많다. 또 말을 능숙하게 잘하는 능변으로 즐겁게 해주려던 말이 험담이 되어 상대의 기분을 망치기도 한다.

무언가를 부탁할 때는
적절한 기회를 엿보라

부탁하는 것! 어떤 사람에게는 이것만큼 쉬운 일도 없고, 또 어떤 사람에게는 이것만큼 어려운 일도 없다. 그건 어떤 일도 거절할 줄 모르는 사람이 있기 때문이다. 반면에 언제나 일언지하에 거절하는 사람들도 있다. 그들에게는 그때그때 알맞은 수완이 필요하다.

상대가 기분 좋을 때를 놓치지 마라. 다만 이때, 청하는 자의 계략이 너무 앞서가서는 안 된다. 기쁜 날이면 그들의 내면에서부터 호의가 용솟음쳐 밖으로 흘러넘친다. 그러나 다른 사람이 먼저 청해 거절당했거든 그들에게 다가가지 마라. 거절은 예견된 것이나 마찬가지이기 때문이다.

슬픈 일이 있을 때에도 기회는 좋지 않다. 다른 사람과 미리 말해 같은 사람에게 동시에 부탁하지 않는 것도 요령이다.

나중에 보상받을 수 있는 일은
먼저 은혜를 베풀라

나중에 보상받을 수 있는 일에 대해 먼저 은혜를 베푸는 것은 매우 현명한 자들의 수완이다. 대가를 받기도 전에 호의를 베풀면 은혜로운 사람이라는 평을 듣는다.

이렇게 미리 베풀어진 호의는 두 가지 이점이 있다. 첫째, 베푼 자의 신속함이 받은 자의 고마움을 가중시킨다. 둘째, 이렇게 베풀어진 호의는 후에 갚아야 한다는 의무감을 지운다. 이는 서로 호의를 나누는 세련된 방식이다. 은혜를 입은 자는 은혜를 갚으려 할 것이기 때문이다. 그러나 천박한 마음을 가진 자에게 미리 은혜를 베풀면, 그것은 고삐가 될 뿐 박차가 되지는 않는다.

좋은 일을 행하되
한꺼번에 다 행하지는 마라

좋은 일을 행할 줄 알되 한꺼번에 다 행하기보다는 조금씩 자주 행하라. 절대로 남에게 갚지 못할 만큼 큰 은혜를 베풀어서는 안 된다. 너무 많은 것을 주게 되면, 이는 주는 것이 아니라 파는 것이다.

상대가 이를 완전히 알아주기를 바라서도 안 된다. 자신의 힘 이상의 것을 보게 되는 상대는 당신과의 교제를 끊으려 할 것이다. 필요 이상으로 너무 많은 것을 베풀려다 사람을 잃게 되는 경우가 비일비재하다. 지나친 은혜를 입은 자는 이를 갚기 어려워 몸을 움츠리고, 마침내 베푼 자를 적으로 삼을 것이다.

바보는 자신을 만든 조각가를 보고 싶어하지 않고, 빚을 진 자는 자신에게 선행을 베푼 자를 눈앞에 보려 하지 않는다. 남에게 무엇을 줄 때는 상대가 원하되 부담은 적은 것을 주어 호의와 존경을 얻자.

불손하고 오만한 자들과는
애시당초 충돌하지 마라

불손한 자, 고집스러운 자, 오만한 자, 어리석은 자에게는 언제나 예의로 대하라. 그런 자들은 어디에나 있으니, 그들과 충돌하지 않는 것이 현명한 방법이다. 생각의 거울 앞에서 매일 이런 생각으로 무장하라. 그리하면 어리석음이 우리를 방해하려는 위험들을 극복하게 될 것이다. 충분히 생각하라. 그리하면 당신의 명망을 저열한 우연에 내맡기지 않게 될 것이다. 지혜로 무장한 자는 발칙한 자들에게 공격당하지 않을 것이다.

사람들과 교유하는 길에는 낭떠러지가 많아 우리의 명망이 다칠 수도 있으니, 그 길을 걸어가기가 더욱 어렵다. 가장 안전한 것은 그들을 애시당초 멀리하는 것이다. 그러니 그런 자들이 하는 일은 못 본 척하는 것이 현명하다. 복잡한 미로에도 벗어나는 길이 있듯, 이런 경우에는 정중함을 보이면 성가신 일을 피할 수 있다.

친구와의 절교는
명망에 상처를 입힌다

친구는 더 이상 친구가 아닐 때 적이 될 수 있다. 좋은 친구를 가진 사람은 많지 않으나, 나쁜 친구는 거의 모두 가지고 있다. 배반한 친구는 가장 나쁜 적이 된다. 그는 남들 앞에서 자기 자신의 과실을 숨기기 위해 당신의 과실을 드러낼 것이다.

누구나 자기가 보는 대로 말하고 원하는 대로 보기 마련이다. 모두가 우리를 질책한다면, 이는 우리가 처음에 앞일을 예견하지 못했거나 마지막에 인내심이 부족했기 때문이다. 그러나 그 모든 경우 우리에게 부족한 것은 지혜다. 그럼에도 불구하고 친구와 멀어지는 것이 불가피하다면, 그 점에 대해 당신이 사죄하라. 그리고 분노를 터뜨리기보다는 우정이 서서히 식게 하라. 여기서도 '아름다운 후퇴'라는 말이 적절하게 적용된다.

불행을 함께 짊어질
누군가를 찾아라

불행을 함께 짊어질 누군가를 찾아라. 그렇게 하면 위험할 때 혼자 있지 않고, 증오의 무게도 온전히 홀로 짊어지지 않을 것이다.

어떤 이들은 높은 지위와 영예를 혼자만 누리려다 후에 모든 이의 불만을 혼자 사기도 한다. 반대로 어떤 이들은 누군가에게 대신 사과를 한다거나 나쁜 일을 함께 짊어질 사람을 두고 있다. 그 어떤 수완도, 그 어떤 무리도 두 사람을 그렇게 쉽게 공격하지는 못한다. 그렇기에 현명한 의사는 치료에는 실패하더라도, 대진(오진을 막기 위해 두 사람 이상의 의사가 진찰하는 일_옮긴이)이라는 이름으로 관을 밖으로 운반해나갈 다른 누군가를 구하는 데는 절대 실패하지 않는다.

당신의 동반자와 짐과 슬픔을 함께 나누라. 오롯이 혼자 서 있는 자는 불행을 견뎌내기가 두 배로 힘들다.

남의 불행으로 인해
당신까지 죽지 마라

늪에 빠진 사람을 알아보라. 그리고 그를 경계하라. 그가 우리를 부르는 것은 나중에 우리가 똑같은 고통을 겪는 것을 보고 위안을 얻기 위해서다. 그런 사람들은 불행을 함께 나눌 사람을 찾고 있는 것이다. 행복할 때 등을 보였던 사람이 이제 손을 내미는 것이다. 스스로의 위험을 피하면서 도움을 주기 위해서는 익사 직전에 있는 사람들을 매우 조심해야 한다.

우리는 서로를
완전히 소유할 수 없음을 알자

친척이든 친구든 또는 대단한 호의를 주고받은 사이든 모두 마찬가지다. 온전히 신뢰하는 것과 좋아하는 것은 서로 완전히 별개의 것이기 때문이다. 제아무리 가까운 관계에서도 비밀은 있으며, 이것이 지켜지지 않으면 우정의 법칙도 깨진다. 친구도 자신만의 비밀은 있는 법이며, 아들이 아버지에게 말할 수 없는 일도 있다.

어떤 일은 누군가에게는 숨기고 누군가에게는 알릴 수도 있다. 모든 것을 알리고 모든 것을 감출 수도 있다. 다만 그때마다 어떤 사실을 알리거나 숨길 대상을 적절히 구분해야 한다.

남에게 의무를 지울 줄
알아야 한다

어떤 사람들은 자신들이 갚아야 할 의무를 다른 사람에게 돌리고, 자신들이 받은 은혜를 자신들이 베푼 은혜처럼 보이게 할 줄 안다. 그들은 자신들이 취하는 이익을 다른 이가 받는 영예로 만들어, 자신들이 남을 위해 봉사한 것처럼 꾸민다. 그들은 자신들이 남에게 감사해야 할 일을 자신들이 당연히 받아야 할 일로 만든다.

이런 대단한 수완으로 그들은 남에게 의무를 지우거나, 누가 누구에게 호의를 베푼 것인지 적어도 갈피를 잡지 못하게 만든다. 가장 아름답고 가장 훌륭한 것을 그들은 그저 칭찬의 말 몇 마디로 사들이며, 어떤 것이 마음에 든다는 표현 하나로 흡족한 명예를 거둬들인다.

이런 식으로 그들은 자신들이 보인 정중함에 대해 매우 감사해야만 한다는 마음의 의무를 남에게 지운다. 그들은 갚아야 할 의무를 받아야 할 의무로 바꾸어놓는다. 이런 점에서 그들은 문법학자보다도 더 뛰어난 정략가다.

그러나 더 훌륭한 태도는 이런 어리석은 행위를 그만두는 것이다. 그것이 각자에게 걸맞은 영예를 돌려주는 일이며 스스로의 힘으로 제 것을 얻는 것이다.

상대의 과도한 예의에
흡족해하지 마라

과도한 예의에 흡족해하면 안 된다. 그것은 일종의 속임수이기 때문이다. 어떤 이들은 마법을 쓸 때 약초가 필요하지 않다. 아첨하면서 모자만 한 번 벗으면 허영심 강한 바보들은 금방 마법에 걸리기 때문이다.

명예 증명서는 기념패이며, 바보들은 미사여구를 늘어놓는 것으로 그 값을 치른다. 모든 것을 약속하는 자는 아무것도 약속하지 않는 것이다. 약속은 어리석은 자들을 위한 함정이다.

참된 예의는 의무와 같은 것이며, 꾸미기만 한 쓸데없는 예절은 기만이다. 이는 품행에 관계된 일이 아니라 다른 이들을 자기 밑에 종속시키려는 수단일 뿐이다.

어떤 일이든지 정중함으로
값을 치르고 팔아라

어떤 일이든지 정중함으로 값을 치르고 팔아야 상대방이 깊이 감사할 것이다. 팔려는 자의 요구는 고상한 마음을 가진 사려는 자를 절대로 가까이 다가오게 하지 않는다. 정중함은 선물하는 것이 아니라, 상대방에게 감사의 의무를 지우는 것이다. 그리고 고상한 태도는 깊은 감사를 일깨운다.

정직한 사람에게는 남이 그에게 선물한 것보다 더 비싼 것이 없다. 그렇기에 베푼 자는 상대방의 존중과 공손함이라는 두 가지를 얻는 것이다. 그러나 비열한 생각을 가진 자에게는 고상한 말도 헛소리로 들릴 뿐이다. 그는 예의 바른 말을 알아듣지 못하기 때문이다.

괴물 같은 사람이
되어선 안 된다

사람들이 모여 사는 곳에는 진짜 야수들이 살고 있다. 남들이 쉽게 접근하지 못하도록 하는 것은 스스로를 오인한 데서 비롯되는 잘못이다. 그런 사람들은 지위에 따라서 성격을 바꾼다. 그러나 모든 사람들을 화나게 하는 것은 일반인들의 존경을 받기 위한 적절한 방법이 아니다.

늘 화를 내는 비인간적인 모습으로 가득한 무뚝뚝한 괴물 같은 존재는 볼 만한 구경거리다. 그 괴물 같은 존재와 이야기해야 하는 가혹한 운명을 가진 이들은 마치 호랑이와 대적할 때처럼 조심스럽게, 커다란 두려움에 떨며 그에게 다가간다.

그런 괴물 같은 사람들은 지금의 지위에 도달하고자 한때는 모든 이에게 호감을 사는 방법을 알고 있었다. 그러나 그 지위를 얻은 지금은 모든 이에게 미움을 받아 그동안의 노력을 상쇄하려 한다.

관직에 있는 자는 모든 이를 위해 존재해야 하지만, 그들은 고집 불통의 모습이나 혹은 자만심으로 인해 안하무인이 된다. 그런 사람을 길들이는 좋은 방법은 그와 교제를 끊음으로써 그 교활함도 무시해버리는 것이다.

남에게 신세지는 것을
가급적 피해라

그 누구에게도 모든 것을 신세지지 말 것이며, 절대로 모든 사람에게 다 조금씩 신세지지도 마라. 그렇지 않으면 모든 사람의 노예가 될 것이다.

어떤 이들은 행복을 안고 태어나지만, 어떤 이들은 행복을 안고 태어나는 사람들에게 좋은 일을 하고자 태어난다. 그들이 그렇게 하는 건 그의 행복을 자신들이 받아내기 위해서다. 자유는 사람들이 그토록 목매는 선물보다도 더 소중하다. 많은 이가 당신에게 의존하는 것에 가치를 두기보다는, 당신이 아무에게도 의존하지 않는 것에 더 큰 가치를 두라.

영원히 사랑하지도,
영원히 증오하지도 마라

오늘의 친구가 내일의 적, 그것도 가장 나쁜 적이 될 수 있음을 생각하라. 이는 실제로 일어날 수 있는 일이기에 정말로 조심해야 한다. 우정의 변절자에게 무기를 쥐어주어 나중에 피비린내 나는 전쟁을 일으키지 않도록 하라.

반대로 적에게는 언제나 화해의 문을 열어두도록 하라. 그것도 가장 확실한 관용의 문을 열어두라. 너무 성급한 복수가 고통의 근원이 되는 경우가 많다. 그리고 자신이 행한 악행을 기뻐하는 마음이 비탄으로 변할 수도 있다.

아픈 내 손가락을
남들에게 보이지 마라

아픈 손가락을 남들에게 보이면, 모두가 그곳을 찌를 것이다. 그 손가락이 아프다고 하소연하지 마라. 악의를 품은 자는 언제나 약한 곳을 건드리기 때문이다. 당신의 노여움은 적의 즐거움을 더해줄 뿐, 도움이 되지는 않는다.

나쁜 의도를 품은 자는 드러날 수도 있는 결함을 찾아 늘 주위를 맴돈다. 채찍으로 때리면서 민감한 부위가 어딘지 확인하며, 상처가 발견될 때까지 수천 번을 시도한다.

신중한 자는 절대로 자신의 상처를 보이지 않으며, 개인적인 불행 혹은 타고난 불행을 절대로 발설하지 않는다. 운명조차도 때로는 우리의 가장 아픈 상처를 건드릴 때 즐거움을 느낀다.

운명의 매질은 언제나 상처를 노린다. 그러니 아픔은 끝나고 즐거움은 계속되도록 아픈 곳도, 즐거운 곳도 드러내지 마라.

아부에 속지 말고,
아부꾼을 내팽개쳐라

우리에게 반박하지 않는 사람만을 높이 평가해서는 안 된다. 그런 사람은 절대 우리를 사랑하는 것이 아니라 자기 자신을 사랑하는 것이기 때문이다.

아부에 속지 말고, 아부하는 사람을 찾아내 내팽개쳐라. 탁월함에서 결함을 찾아낼 줄 아는 사람에게 질책 받는 것을 영예로 알라. 우리의 단점이 모두의 마음에 든다는 것은 우리의 판단을 흐리게 할 것이다. 그것은 우리에게 쓸모없다는 뜻이기 때문이다. 정말로 탁월한 것은 소수의 마음에만 든다.

실수를 저지른 후에
감출 줄 모르는 것이 문제다

어리석음을 범하는 자가 어리석은 것이 아니라, 그런 일을 범한 후에 감출 줄 모르는 자가 어리석은 것이다. 당신의 성향을 봉인해두라. 당신이 얼마나 많은 실수를 저질렀는지도 감추어야 한다.

모든 인간은 오류를 범한다. 그러나 그것에도 차이는 있다. 현명한 자는 자신이 저지른 잘못을 숨기지만, 어리석은 자는 저지르기도 전에 거짓말을 한다. 우리의 명성은 행동보다는 비밀 유지에 근거한다.

우정에서조차도 예외는 있다. 친구에게도 자신의 잘못을 털어놓지는 마라. 할 수만 있다면 자신에게도 감추어야 한다. 여기에서 또 다른 삶의 규칙이 당신에게 도움이 될 것이다. 잊을 수 있다면 잊으라.

사람을 시험해볼 줄도
알아야 한다

현명한 자의 주의력은 조심스런 자의 신중함만 못하다. 다른 사람을 가늠하기 위해서는 지혜로운 머리가 필요하다. 풀과 돌의 성질을 아는 것보다 사람의 마음과 성격을 파악하는 것이 더 중요하다. 사람의 마음과 성격을 파악하는 것은 인생에서 가장 예민한 감각이 요구되는 일 중 하나다.

금속의 성질은 그 울림에서 알 수 있고, 사람의 성격은 그 사람의 말에서 알 수 있다. 말은 그 사람의 올바름을 보여주고, 행동은 그보다 더 많은 것을 보여준다. 다만 거기에는 각별한 주의와 깊이 있는 관찰, 자신만의 견해와 올바른 판단이 필요하다.

당신과 관련 있는 사람의
마음을 파악하라

당신과 관련 있는 사람의 마음을 파악해야 그들의 의도를 파악할 수 있다. 원인을 제대로 알면 그 결과도 예측할 수 있다. 그러니 우선 원인부터 파악하고 그런 다음에는 동기를 파악하라.

마음이 우울한 자는 언제나 불행을 예견하며, 마음이 악한 자는 언제나 범죄를 내다본다. 그들에겐 언제나 최악의 것이 목전에 있으니, 현재의 좋은 것들을 알아보지 못하고 재앙의 가능성만을 생각하는 것이다.

열정적인 자는 언제나 실제와는 동떨어진 이상한 말을 지껄인다. 그들의 입을 통해 나오는 말은 이성이 아니라 열정이다. 그들은 모두 격정이나 변덕에 따라 말을 하며, 모두들 진실과는 동떨어져 있다. 그러니 얼굴에 숨어 있는 암호를 풀어내고 그 영혼의 알파벳을 알아내라.

언제나 웃는 자는 바보이며 결코 웃지 않는 자는 음흉한 자임을 알아야 한다. 언제나 질문만 하는 자도 조심하라. 경솔한 자가 아니면 염탐꾼이기 때문이다.

추한 몰골을 하고 있는 사람에게서 좋은 것을 기대하지 마라. 그는 자신에게 그 모습을 준 자연에게 복수하려 하며, 남이 그에게 경의를 표해도 자신은 경의를 표하지 않는다. 추함이 큰 만큼, 그 사람의 어리석음도 크다.

파당질을 일삼는 이들을
가까이하지 마라

매사에 소소한 분쟁을 일으키는 사람들이 있다. 이들은 사람과의 사귐을 방해하는 자객과도 같다. 이들은 모든 것에서 이기려고만 하며 평화로운 방법을 알지 못한다. 이들이 상황을 지배하면 모든 것은 끝난다. 이들은 파당질을 일삼고, 어린애처럼 순수한 사람조차 적으로 만든다.

이들의 그릇된 생각이 알려지면 모든 사람이 적대심을 품고 그 의도를 막을 것이니 이들은 아무것도 이루지 못하고, 모든 사람이 이들의 괴로움을 가중시킴으로써 불쾌함만 안게 될 것이다. 이들은 비뚤어진 머리와 흉악한 마음을 가지고 있다. 이런 종류의 괴물은 멀리하고 아무런 관계도 맺지 않아야 한다. 이들을 가까이하면 반드시 당신의 적이 될 것이다.

Baltasar Gracián

■ 독자 여러분의 소중한 원고를 기다립니다 ─────────────

메이트북스는 독자 여러분의 소중한 원고를 기다리고 있습니다. 집필을 끝냈거나 집필중인 원고가 있으신 분은 khg0109@hanmail.net으로 원고의 간단한 기획의도와 개요, 연락처 등과 함께 보내주시면 최대한 빨리 검토한 후에 연락드리겠습니다. 머뭇거리지 마시고 언제라도 메이트북스의 문을 두드리시면 반갑게 맞이하겠습니다.

■ 메이트북스 SNS는 보물창고입니다 ─────────────────

메이트북스 홈페이지 www.matebooks.co.kr

책에 대한 칼럼 및 신간정보, 베스트셀러 및 스테디셀러 정보뿐만 아니라 저자의 인터뷰 및 책 소개 동영상을 보실 수 있습니다.

메이트북스 유튜브 bit.ly/2qXrcUb

활발하게 업로드되는 저자의 인터뷰, 책 소개 동영상을 통해 책에서는 접할 수 없었던 입체적인 정보들을 경험하실 수 있습니다.

메이트북스 블로그 blog.naver.com/1n1media

1분 전문가 칼럼, 화제의 책, 화제의 동영상 등 독자 여러분을 위해 다양한 콘텐츠를 매일 올리고 있습니다.

메이트북스 네이버 포스트 post.naver.com/1n1media

도서 내용을 재구성해 만든 블로그형, 카드뉴스형 포스트를 통해 유익하고 통찰력 있는 정보들을 경험하실 수 있습니다.

STEP 1. 네이버 검색창 옆의 카메라 모양 아이콘을 누르세요. STEP 2. 스마트렌즈를 통해 각 QR코드를 스캔하시면 됩니다.
STEP 3. 팝업창을 누르시면 메이트북스의 SNS가 나옵니다.